Michaela Richter
Anja Schröder

WEIHNACHTEN im Herzen

# Weihnachtliches KLÖTZCHENFIEBER

Stimmungsvolle DIYs
aus Parketthölzern

# Inhalt



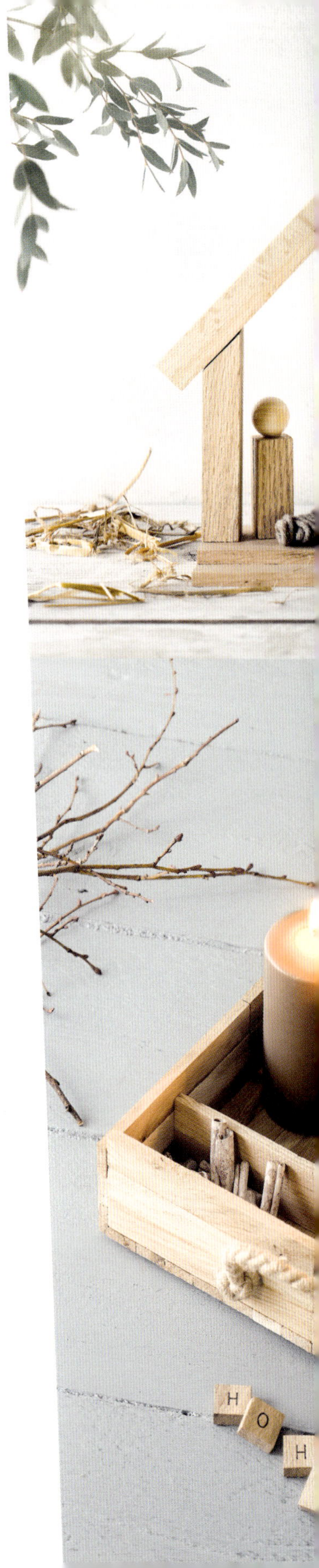

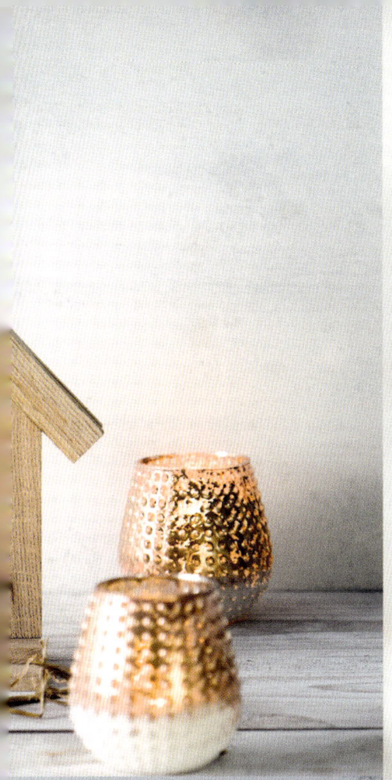

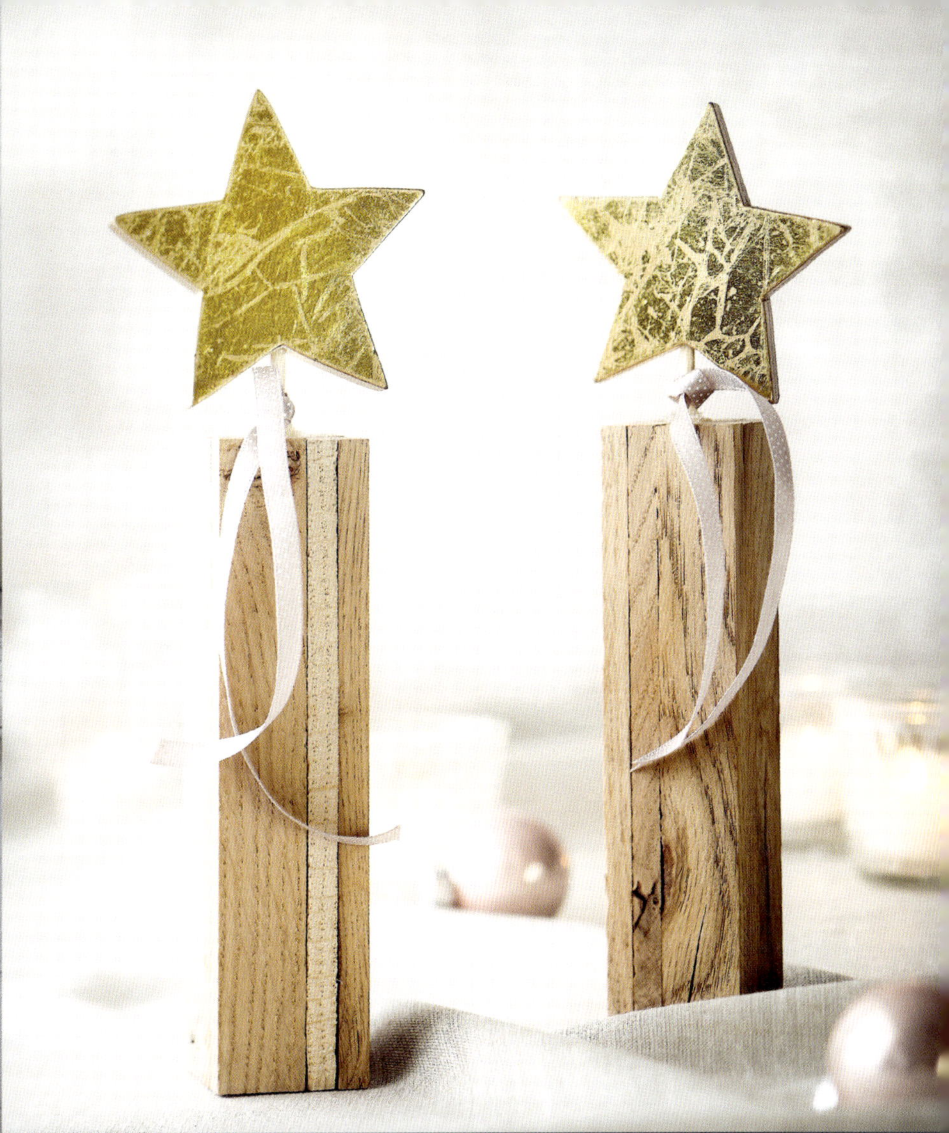

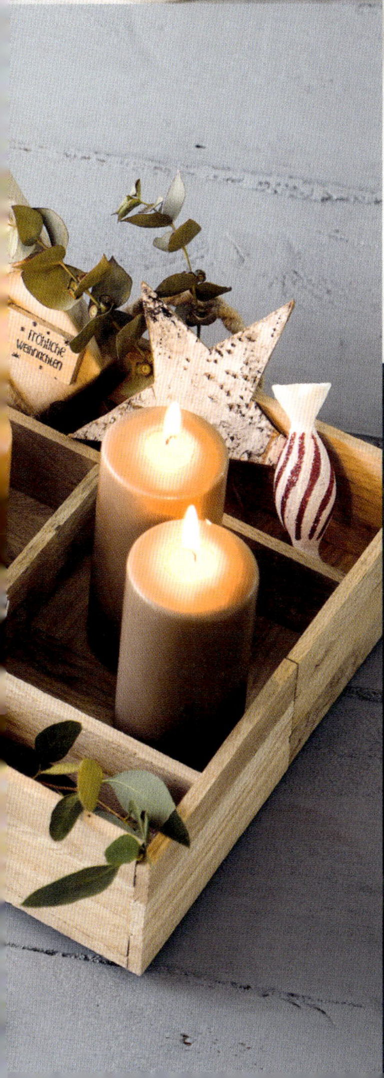
fröhliche weihnachten

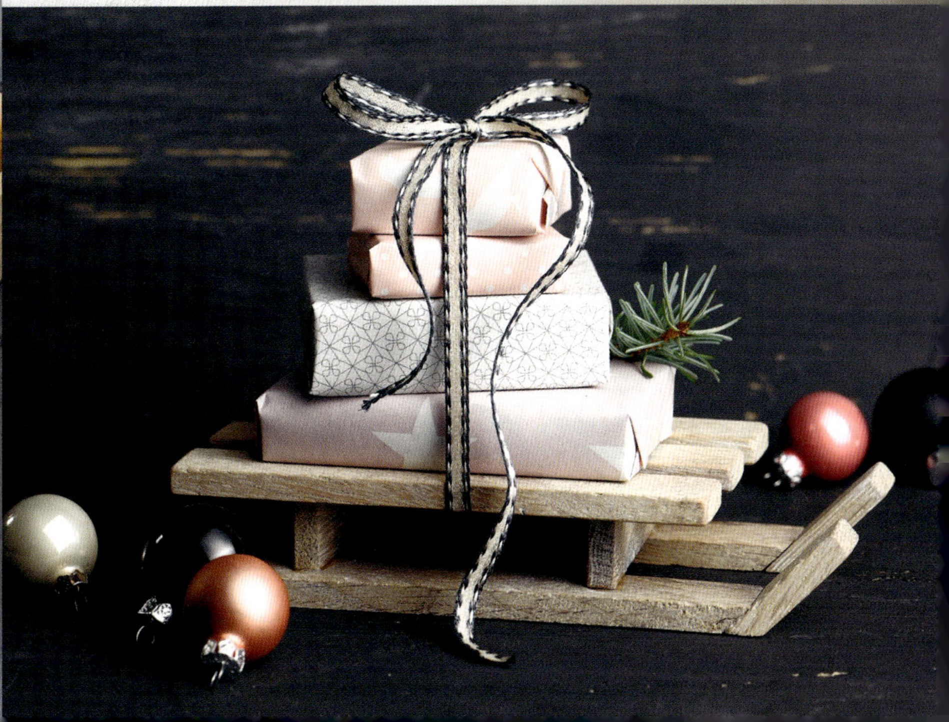

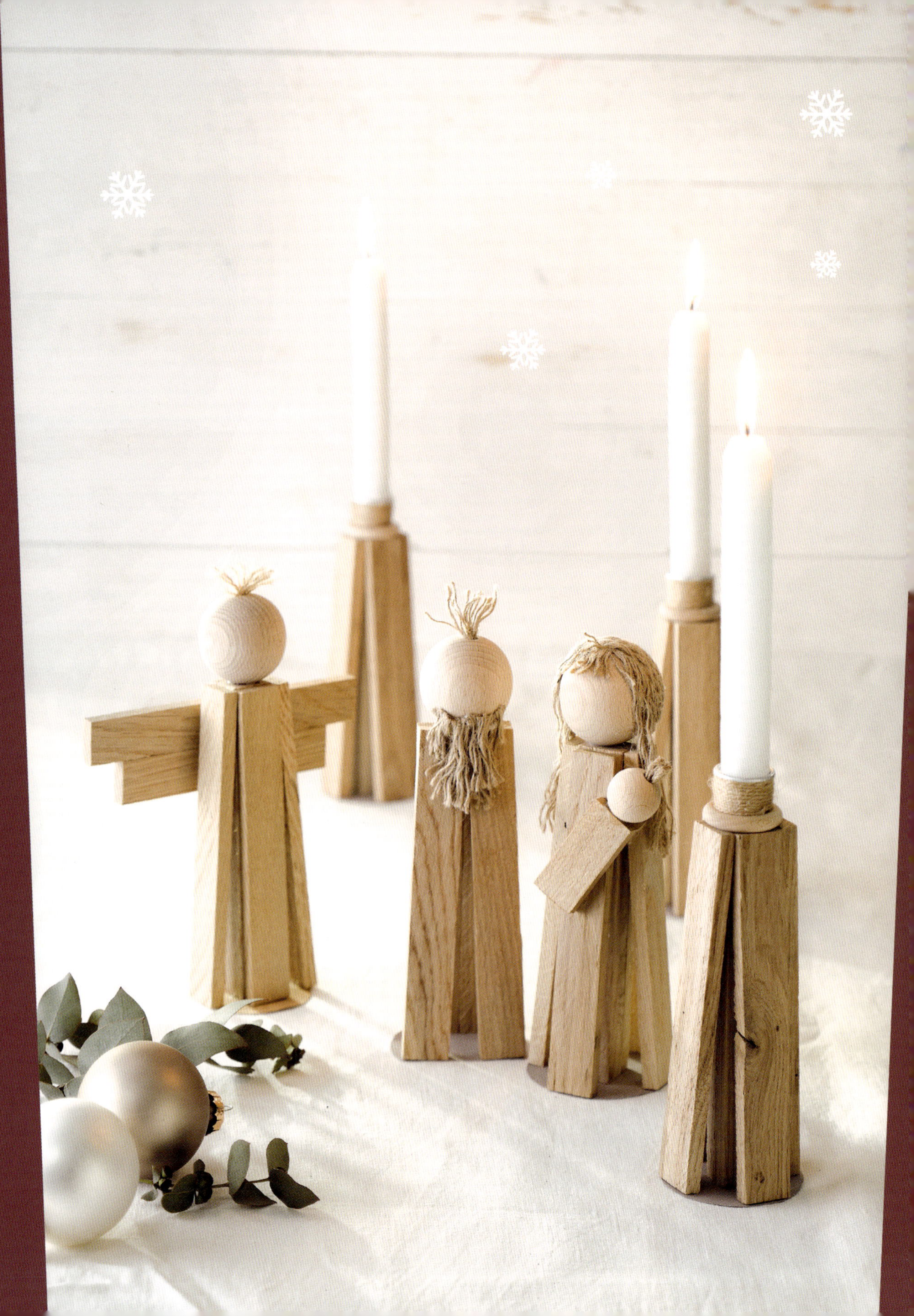

# O DU FRÖHLICHE KLÖTZCHENZEIT!

Pünktlich zu Weihnachten ist es wieder da und hat uns alle erwischt: das #klötzchenfieber greift um sich!

Ganz egal, ob du ein nettes Geschenk für einen lieben Menschen oder Deko für deine eigene Festtafel herstellen möchtest – du brauchst nicht viel mehr als eine Handvoll Parketthölzer und etwas Holzleim und schon kannst du loslegen! Mit wenig Aufwand und fast ganz ohne Säge zauberst du die schönsten Holzmodelle, die deinem Zuhause wahren weihnachtlichen Glanz verleihen. Die detailreichen Schritt-für-Schritt-Illustrationen machen das Erstellen der Dekoobjekte zum Kinderspiel.

Also mach es dir mit Tee und Weihnachtsgebäck gemütlich und ran an die Klötzchen!

# Grundanleitung

**Viele tolle Gegenstände lassen sich mit wenig Aufwand aus den flachen Holzklötzchen gestalten. Trotzdem ist es hilfreich, wenn du dich, bevor du dein erstes Projekt beginnst, mit den wichtigsten Grundtechniken vertraut machst. So hast du viel Spaß beim Zusammenbauen und deine Dekoobjekte sind gut verarbeitet und langlebig.**

## Platten zusammenleimen

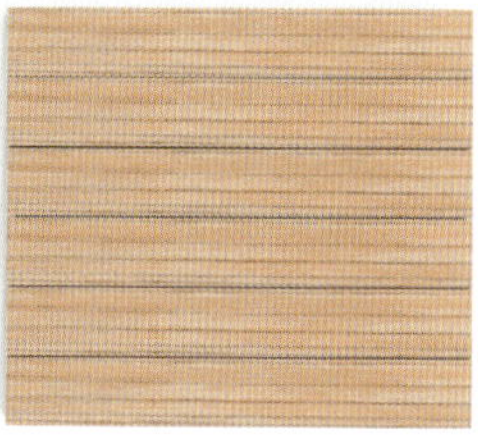

Je nach Modell werden Platten in verschiedenen Größen benötigt. Dazu wird Holzleim auf eine der langen schmalen Kanten aufgetragen, danach wird das nächste Stäbchen exakt Kante an Kante angelegt. So fährst du fort, bis die Platte die gewünschte Größe erreicht hat. In den Anleitungen wird immer ganz genau angegeben, wie viele Klötzchen für die jeweilige Platte benötigt werden. Vor der weiteren Verarbeitung gut trocknen lassen, damit die Verbindungen stabil sind.

## Winkel zusammenleimen

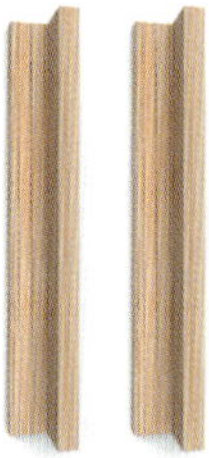

Für die Projekte in diesem Buch werden manchmal schmale Winkel verwendet. Hierfür wird ein Klötzchen auf ein weiteres geklebt. Dabei trägst du den Holzleim auf die schmale lange Kante des ersten Klötzchens auf. Diese Kante setzt du nun bündig auf die breite Seite des zweiten Klötzchens. Gut festdrücken und trocknen lassen.

Es ist praktisch, immer auch ein paar Winkel auf Vorrat da zu haben, denn sie sind ein klasse Hilfsmittel, um saubere, gerade Kanten zu bekommen. Setze dafür einfach von jeder Seite einen Winkel an dein Werkobjekt (z.B. eine Platte) und schiebe so die Klötzchen zusammen.

## Stäbe

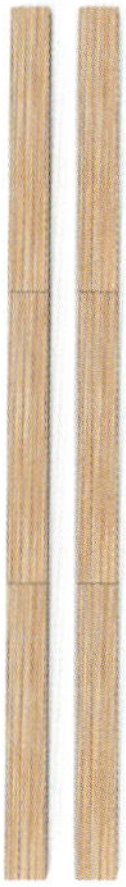

Aus Holzklötzchen lassen sich sehr einfach auch größere Gegenstände gestalten. Für diese werden oftmals lange Stäbe benötigt. Hierfür trägst du Holzleim auf eine schmale kurze Kante eines Klötzchens auf. An diese Kante setzt du das zweite Klötzchen ebenfalls mit einer schmalen kurzen Kante an. Die Klebestelle stabilisierst du zum Trocknen am besten mit einer Klemmzwinge, so kann nichts verrutschen. Je nachdem, wie lang die benötigten Stäbe werden sollen, wiederholst du die vorherigen Arbeitsschritte.

## Rahmen

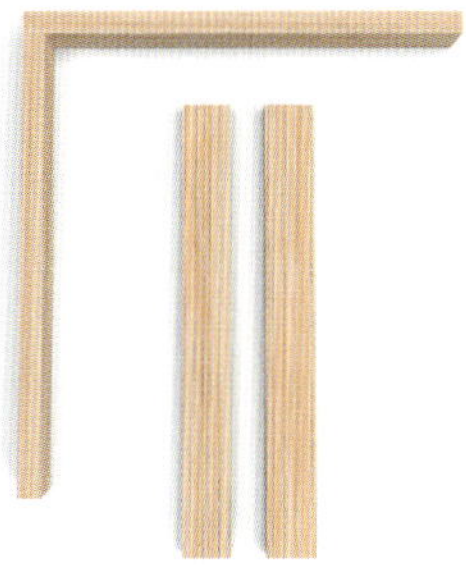

Einige Modelle in diesem Buch haben Rahmen als Basis. Insgesamt benötigst du für einen Rahmen vier Klötzchen. Zu Beginn leimst du aus zwei Klötzchen einen großen Winkel zusammen. Das dritte Klötzchen klebst du dann am anderen Ende des ersten ebenfalls mit der schmalen kurzen Kanten an. Zuletzt wird der Rahmen mit dem vierten Klötzchen geschlossen, indem du es bündig an die schmalen kurzen Kanten der beiden vorherigen Klötzchen klebst.

Lass den Rahmen gut trocknen, bevor du ihn weiterverarbeitest. Zur Stabilisierung kannst du die Seiten, an denen die Klötzchen von außen aufliegen, z.B. jeweils mit einem Winkel zusammendrücken oder mit Malerkrepp umwickeln.

## Sägen und glätten

Die meisten Projekte in diesem Buch lassen sich supereinfach ohne Anpassung der Klötzchen umsetzen. Doch manchmal kommt man nicht darum herum, die Klötzchen auf ein bestimmtes Maß zuzusägen. Markiere dir die benötigte Länge am besten mit einem Bleistift und säge das Klötzchen mit einer gewöhnlichen Handsäge zu. Für manche Modelle werden Klötzchen auch in einem bestimmten Winkel zugesägt, dabei kann eine Gehrungssäge sehr hilfreich sein. Winkel von 45° und 90° kannst du auch sehr gut mithilfe einer Gehrungslade sägen. Hast du diese Hilfsmittel nicht zur Hand, kannst du auch hier einfach eine Markierung anbringen und entsprechend sägen.
Wichtig ist es, dass du nach dem Sägen die Sägekante mit einem Schleifpapier glättest. So wird die weitere Verarbeitung erleichtert und es entstehen keine rauen oder „fransigen" Stellen an deinem Modell.

# Material

## Klötzchen

Bei den in diesem Buch verwendeten Holzklötzchen handelt es sich um Stäbchenparkett-Hölzer, die es in vielen verschiedenen Arten und mit unterschiedlichen Maßen zu kaufen gibt. Die Klötzchen gibt es z.B. aus Buchen-, Eichen- oder Kirschholz, aber auch aus besonderen Hölzern wie Mahagoni, Ebenholz oder Akazie. Die Maße der Klötzchen sind genormt, was das Gestalten mit ihnen auch so angenehm und einfach macht. Für die Modelle im Buch wurden Klötzchen in zwei verschiedenen Maßen verwendet: 22x8x160 mm und 16x8x160 mm.
Halte immer auch einige einzelne Klötzchen in unterschiedlichen Größen griffbereit und verwende sie nach Bedarf als Abstandhalter.

## Holzleim

Für das Zusammenbauen der Modelle ist ein guter Holzleim unerlässlich. Sobald du zwei Holzteile aufeinandergedrückt hast, hast du eine Weile lang auch noch die Möglichkeit sie zu verschieben und ggf. ihre Position zu korrigieren. Neben dem normalen Holzleim gibt es auch Express-Holzleim, der schneller trocknet, sodass du keine langen Wartezeiten zwischen den einzelnen Arbeitsschritten hast. Überquellenden Holzleim kannst du direkt mit einem Wattestäbchen oder Küchenkrepp entfernen. Du kannst ihn aber auch trocknen lassen (im trockenen Zustand wird er transparent) und ggf. abschleifen.

## Heißkleber

Um Transparentpapier oder kleinere Dekoelemente auf den Holzmodellen anzubringen, kannst du Heißkleber verwenden. Er eignet sich allerdings nicht dafür, Holzteile miteinander zu verbinden oder Holz auf glatte Oberflächen anzubringen. Sobald der Heißkleber aufgetragen ist, ist etwas Eile angesagt, da er schnell abkühlt und hart wird. Sobald das gewünschte Element aufgeklebt wurde, kann meistens nicht mehr korrigiert werden.

## Silikonkleber

Zum Anbringen von Holzklötzchen auf glatten Oberflächen wie z.B. Glasvasen oder Dosen hat sich Silikonkleber bewährt.

## Säge und Gehrungslade

Für manche Modelle müssen Klötzchen auch mal auf eine bestimmte Länge zugesägt werden. Dafür kannst du eine gewöhnliche Handsäge verwenden. Eine Gehrungssäge ist sehr hilfreich, wenn du Klötzchen auch mal in einem bestimmten Winkel zusägen musst. Um Klötzchen im Winkel von 45° oder 90° zuzusägen, reicht auch eine Gehrungslade aus.

## Schleifpapier

Vor allem zugesägte Klötzchen sollten an der Sägekante mit Schleifpapier geglättet werden, damit eine saubere Weiterverarbeitung möglich ist. Auch Kleberückstände können mit Schleifpapier einfach entfernt werden.

## Klemmzwingen und Malerkrepp

Für bessere Stabilisierung beim Trocknen von zwei Holzteilen kannst du Klemmzwingen verwenden. An Stellen, an denen das nicht möglich ist, benutze Malerkrepp. So lassen sich z.B. problemlos Ecken fixieren. Das Malerkrepp lässt sich nach dem Trocknen wieder einfach und rückstandslos entfernen.

## Holzöl

Deiner Klötzchen-Deko kannst du mithilfe von Holzöl einen neuen Look verpassen. Je nach Öl kannst du dem Holz eine andere Färbung bzw. einen besonderen Effekt verleihen. Es gibt z.B. Öle, die das Holz optisch altern lassen oder ihm einen modernen Graustich geben. Der Vorteil bei der Verwendung von Holzöl ist, dass die schöne Holzstruktur weiterhin sichtbar bleibt.

## Acrylfarbe

Auch bunte Farbeffekte sind möglich, z.B. mit Acrylfarbe. Die Klötzchen kannst du nach Lust und Laune mit der Farbe bestreichen. Beachte dabei aber, dass die Holzstruktur, anders als beim Holzöl, nach dem Anstrich nicht mehr sichtbar sein wird.

## Wattestäbchen und Küchenkrepp

Halte immer einige Wattestäbchen und etwas Küchenkrepp bereit, um überquellenden Holzleim abzuwischen.

## Lineal und Bleistift

Zum Abmessen und Markieren ist ein Lineal und ein spitzer Bleistift notwendig.

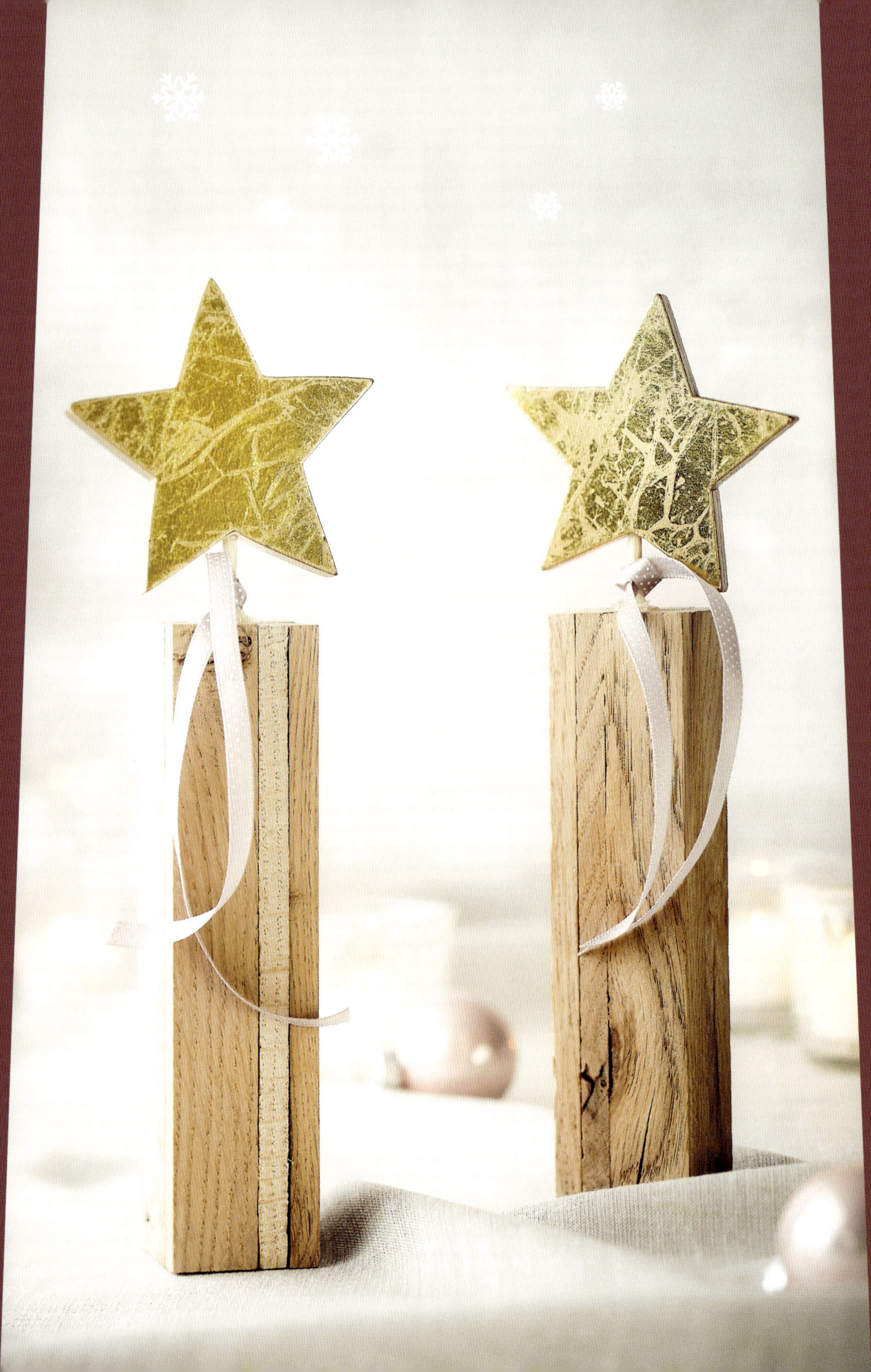

# Goldene Sternzeit

8 Klötzchen à 22x8x160 mm
Deko-Holzstern
Rundholz, ø 5 mm
Holzleim

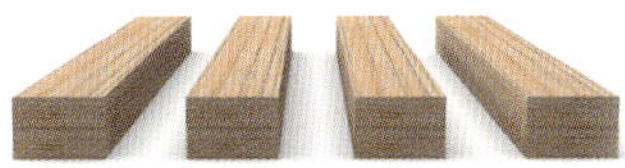

**1.** 4x 2 Klötzchen.

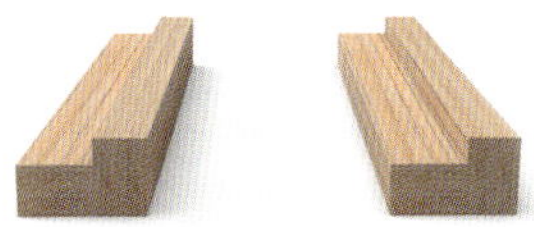

**2.** Je zwei Elemente aus Schritt 1 zu einem Winkel zusammensetzen.

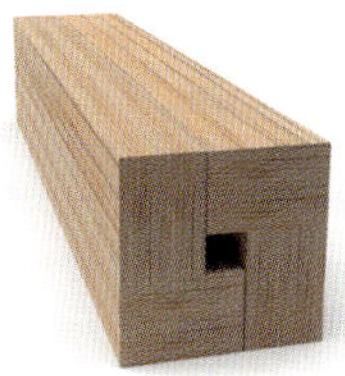

**3.** Beide Winkel aus Schritt 2 zusammensetzen.

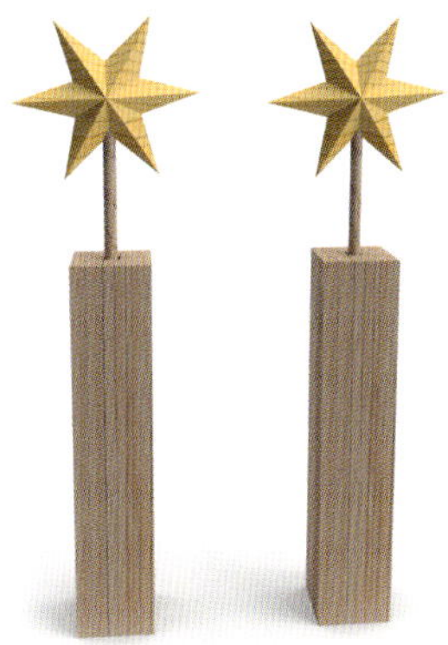

**4.** Ein Loch in den Stern bohren, das Rundholz reinstecken. Den Stecker in die Mitte des Elements aus Schritt 3 stecken und ggf. festkleben.

# Adventskerzen to go

7 Klötzchen à 22x8x160 mm
2 Spulen
4 Kerzenhalter
4 Kerzen
2 kurze Tannenzweigstücke
Holzleim

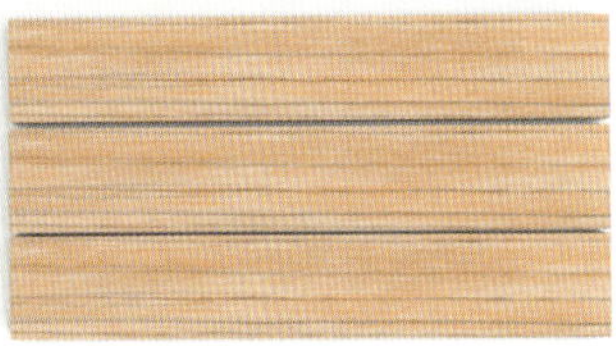

1 3 Klötzchen.

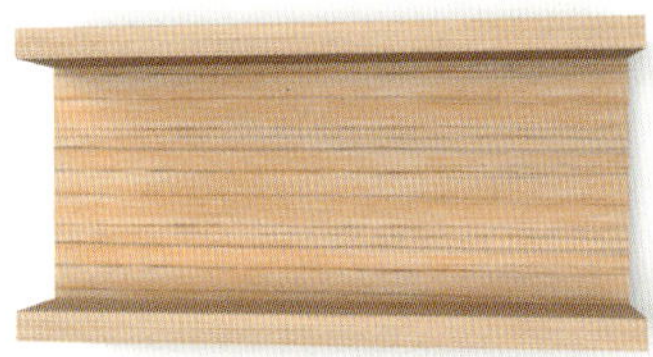

2 Plus 2 Klötzchen.

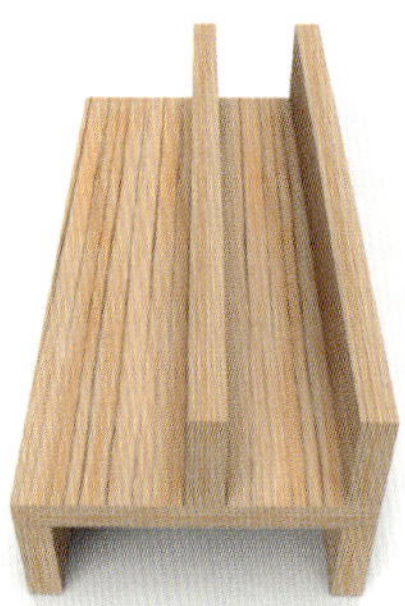

3 Platte umdrehen. Plus 2 Klötzchen.

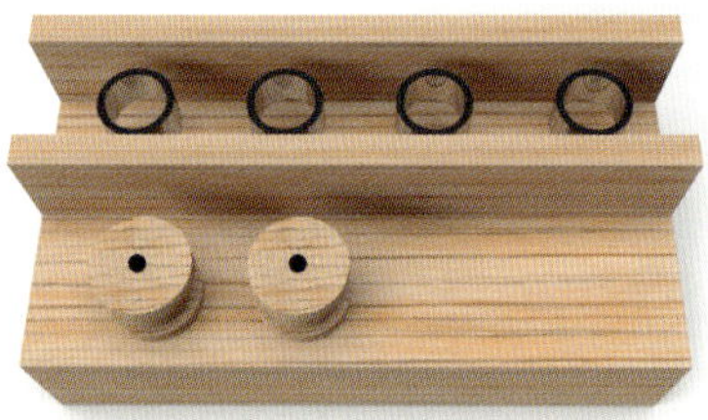

4 Die Kerzenhalter und Spulen aufkleben. Die Tannenzweige als Bäumchen in die Spulen stecken.

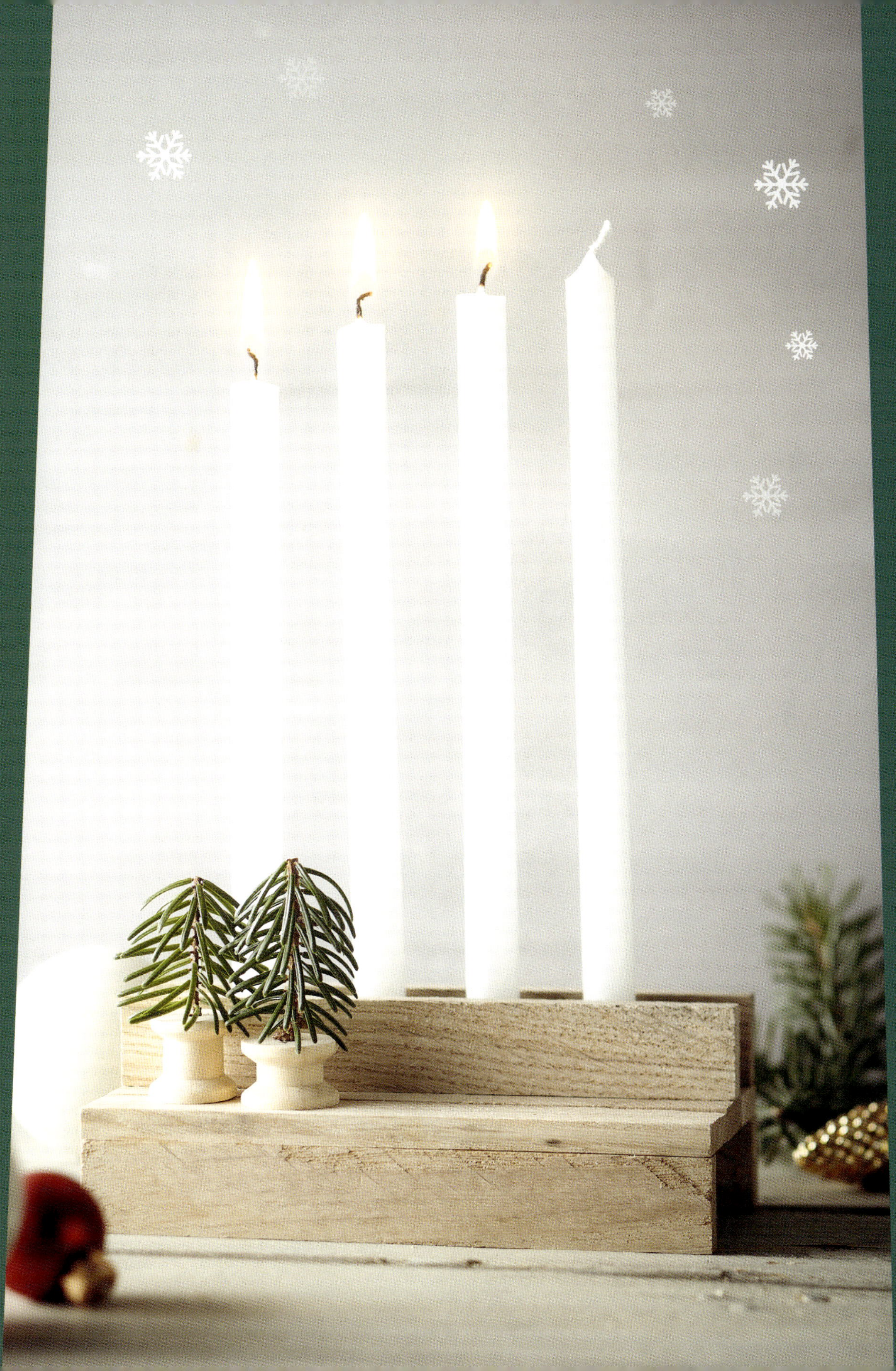

# Geschenkbox für Kleinigkeiten

19 Klötzchen à 22x8x160 mm
Säge
Holzleim

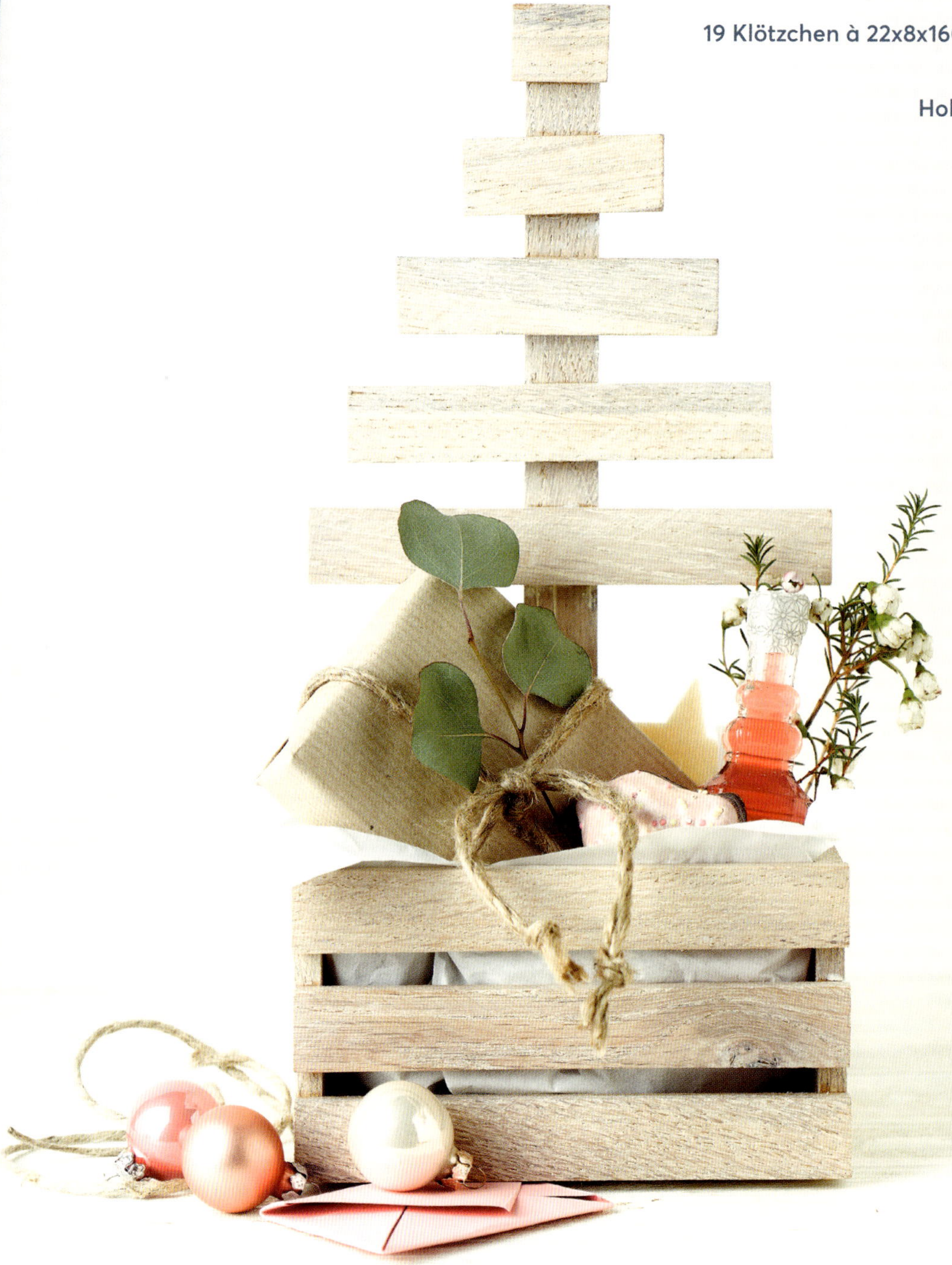

## BOX

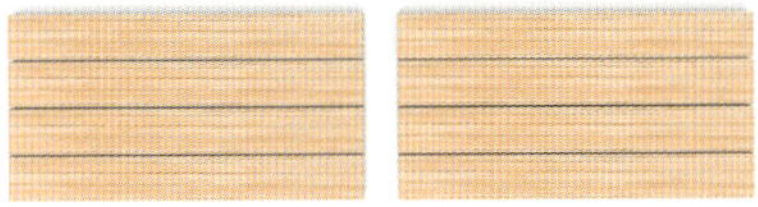

1. 2 Platten aus 4 Klötzchen.

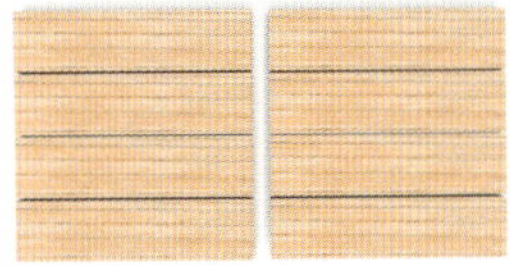

2. Eine Platte in der Mitte durchsägen.

3. Die kurzen Platten aus Schritt 2 auf die lange Platte aus Schritt 1 kleben.

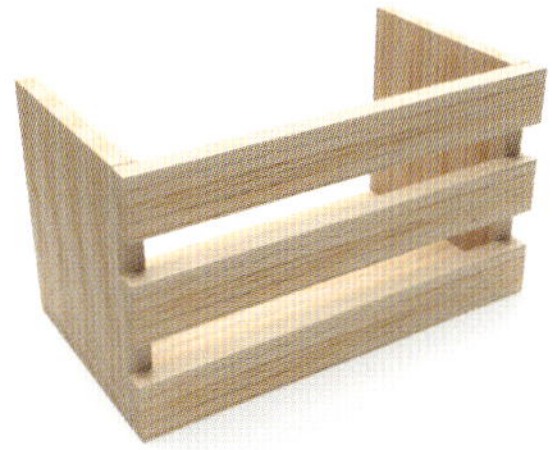

4. Die Seiten der Box mit 2x 3 Klötzchen schließen.

## TANNEN-BAUM

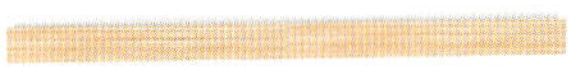

1. 2 Klötzchen.

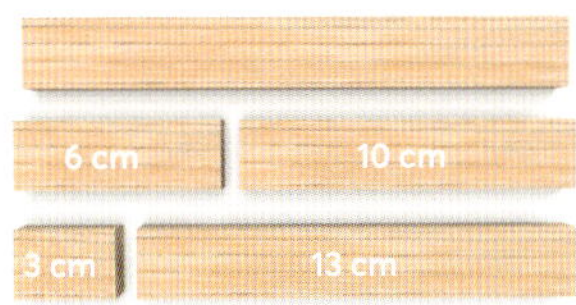


2. 3 Klötzchen. 2 Klötzchen zuschneiden in Teile à 6 cm, 10 cm, 3 cm und 13 cm.

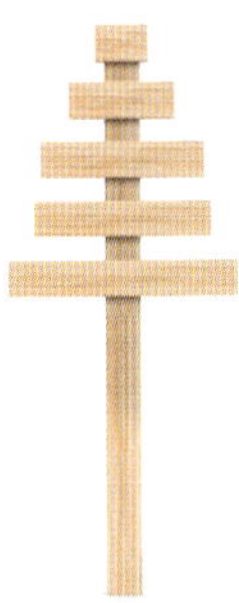

3. Die Klötzchen aus Schritt 2 von kurz nach lang auf den Stab aus Schritt 1 kleben.

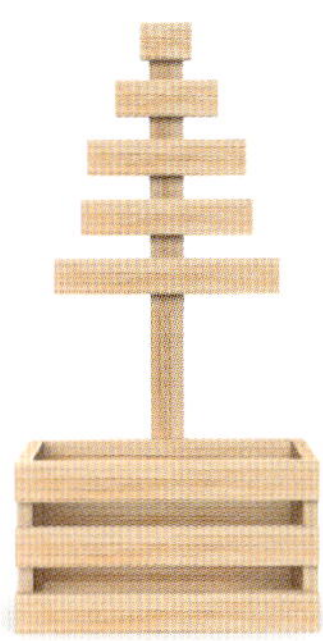

4. Den Tannenbaum mittig von innen in die Kiste kleben.

# Modernes Krippen-Ensemble

**Maria**
6 Klötzchen à 22x8x160 mm
Pappkreis, ø 7 cm
Holzkugel, ø 45 mm

**Josef**
4 Klötzchen à 22x8x160 mm
Pappkreis, ø 7 cm
Holzkugel, ø 45 mm

**Jesuskind**
1 Klötzchen, 22x8x55 mm
Holzkugel, ø 25 mm

**Engel**
7 Klötzchen à 22x8x160 mm
1 Klötzchen, 22x8x125 mm
Pappkreis, ø 7 cm

**Kerzenständer**
6 Klötzchen à 22x8x160 mm
Pappkreis, ø 7 cm
Kerzenhalter
Holzring, ø 4 cm

Jutekordel
Holzleim

## MARIA

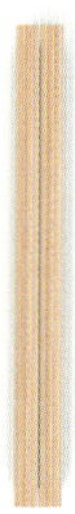

1. 2 Klötzchen.

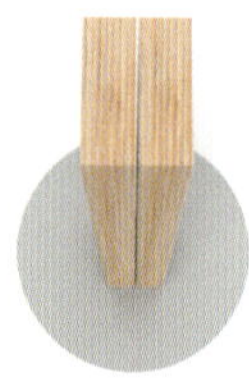

2. Auf Pappkreis kleben.

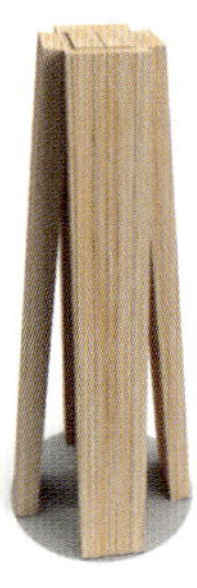

3. Plus 4 Klötzchen.

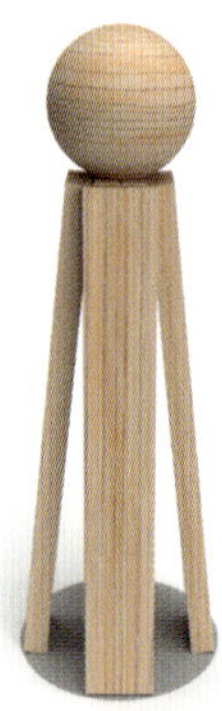

4. Die Kugel als Kopf aufkleben. Die Kordel als Haare anbringen.

▸ Weiter geht's auf Seite 22!

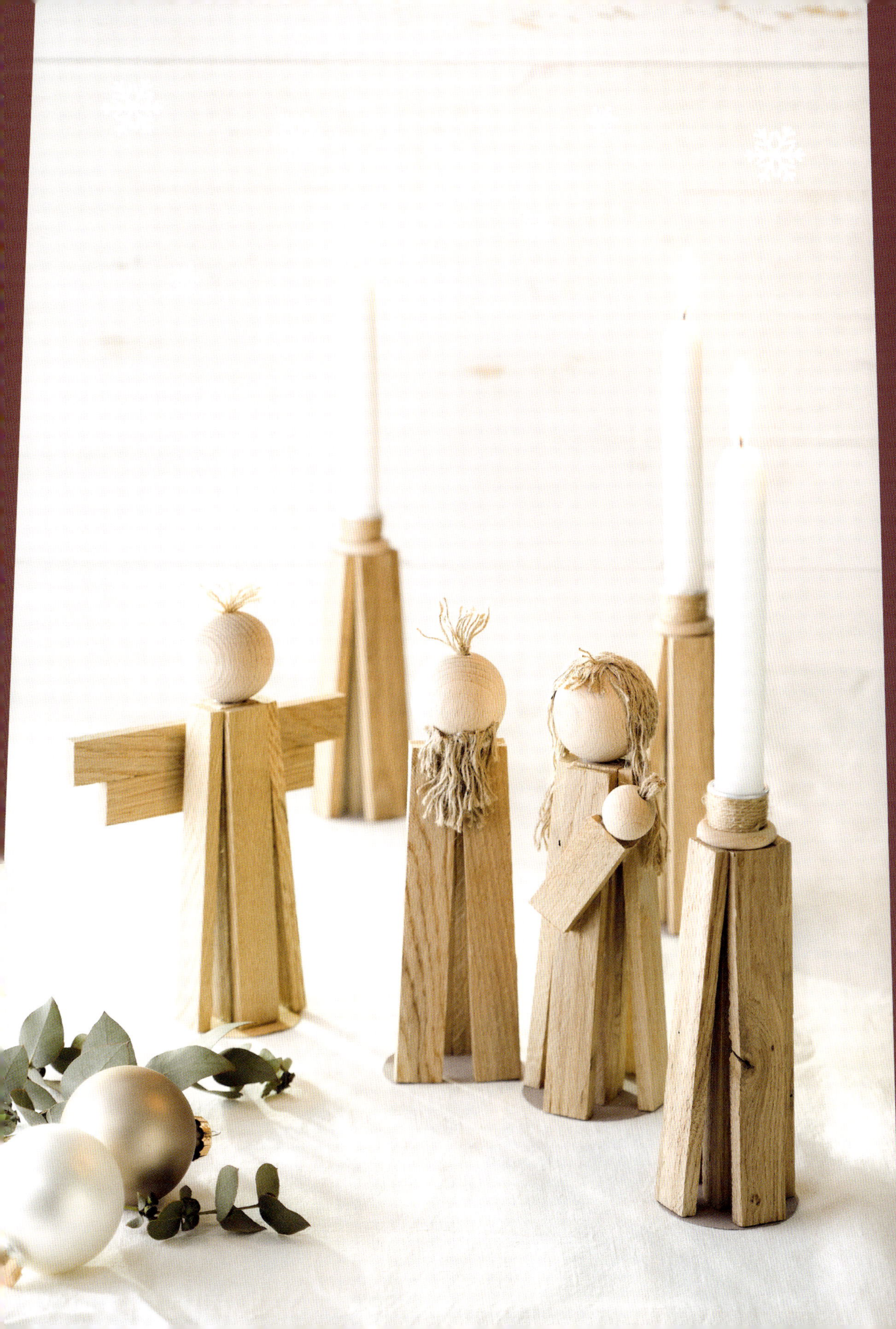

## JOSEF

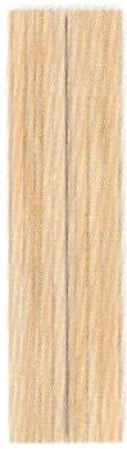

1. 2 Klötzchen.

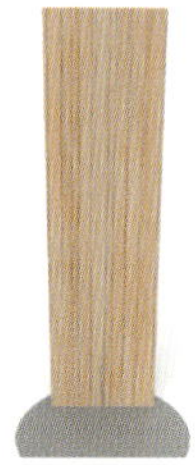

2. Element aus Schritt 1 ganz außen auf den Pappkreis kleben.

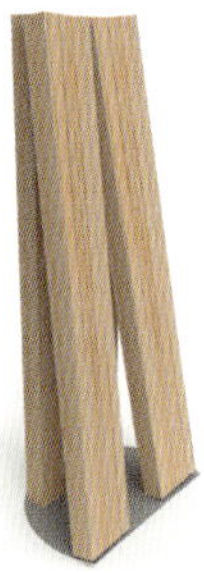

3. Plus 2 Klötzchen schräg ankleben.

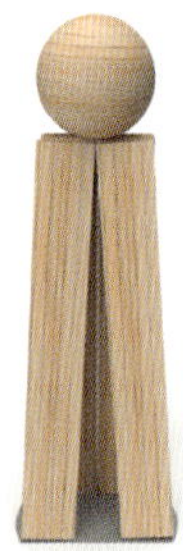

4. Die Kugel als Kopf aufkleben. Die Kordel als Haare und Bart anbringen.

## JESUSKIND

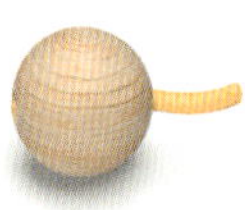

1. Ein Stück Jutekordel durch die Holzkugel fädeln. Am Austrittsloch ein Stück als Haare überstehen lassen. Mit etwas Kleber fixeren. Das andere Ende wegschneiden.

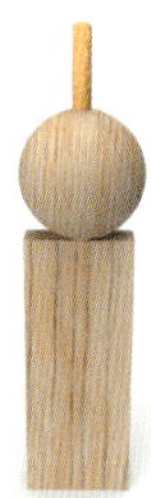

2. Die Kugel mittig auf das Klötzchen kleben.

## ENGEL

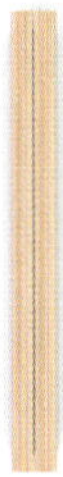

1. 2 Klötzchen.

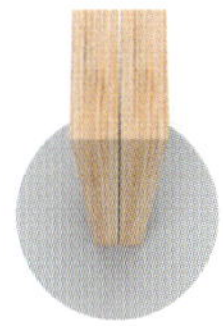

2. Auf Pappkreis kleben.

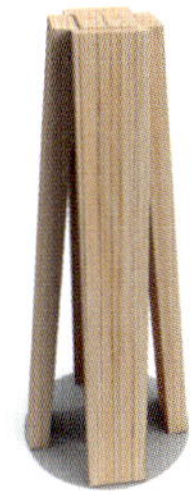

3. Plus 4 Klötzchen.

4. Für die Flügel das kürzere Klötzchen mittig unter das lange kleben.

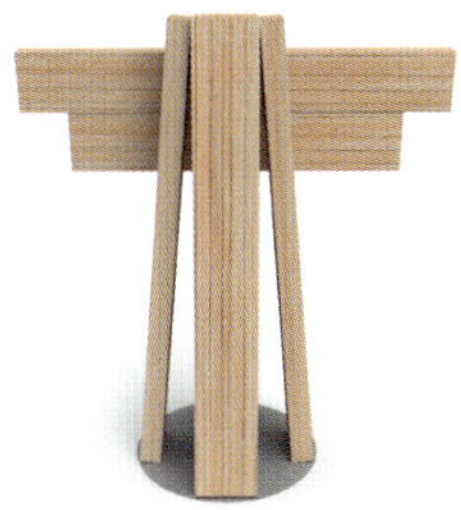

5. Die Flügel auf die Rückseite kleben.

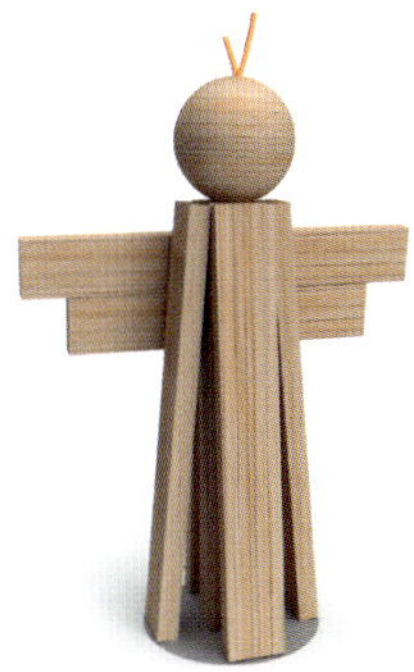

6. Die Kugel als Kopf aufkleben. Die Kordel als Haare anbringen.

## KERZENSTÄNDER

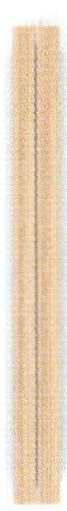

1. 2 Klötzchen.

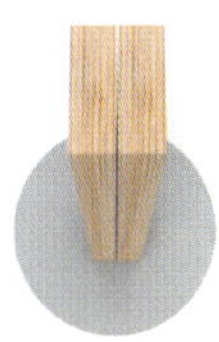

2. Auf Pappkreis kleben.

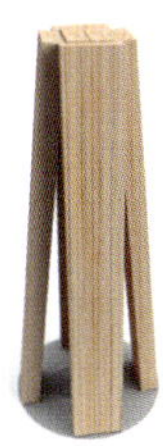

3. Plus 4 Klötzchen.

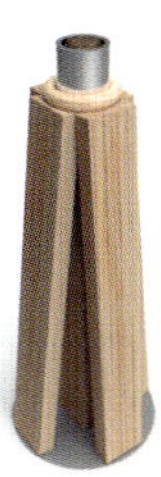

4. Erst den Holzring, dann den Kerzenhalter aufkleben. Den Kerzenhalter mit Jutekordel umwickeln.

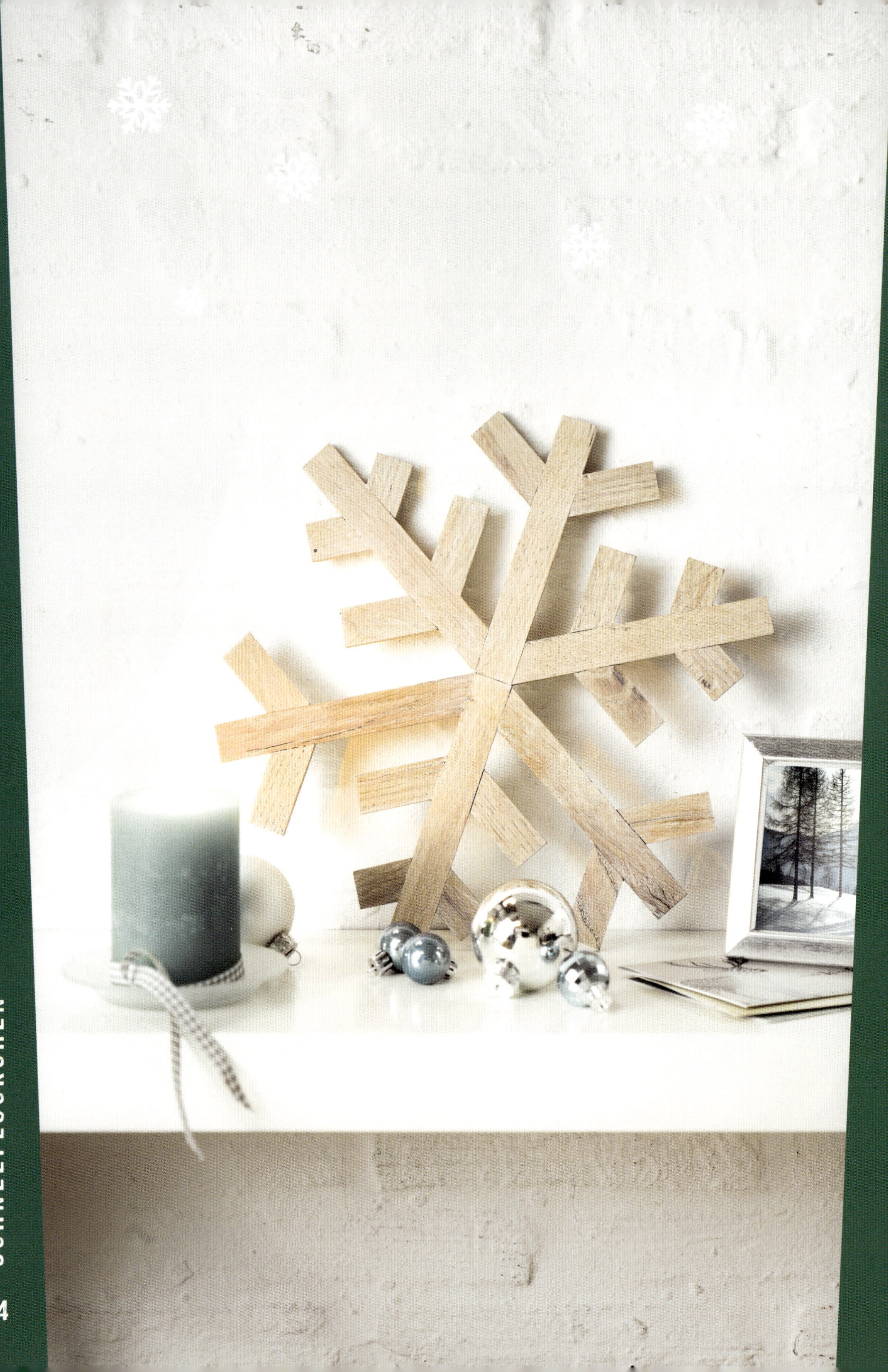

# Schneeflöckchen

12 Klötzchen à 22x8x160 mm

Säge

Gehrungssäge

Holzleim

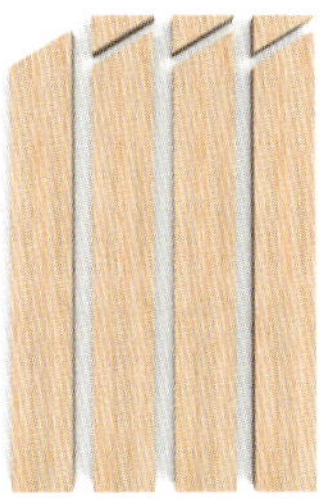

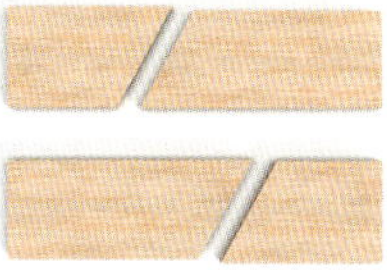

1 4 Klötzchen jeweils von einer Ecke aus im 60°-Winkel absägen.

2 6 Klötzchen zuerst in der Mitte durchsägen. Dann jeweils links und rechts im 60°-Winkel etwa im Verhältnis 1/3 zu 2/3 zusägen.

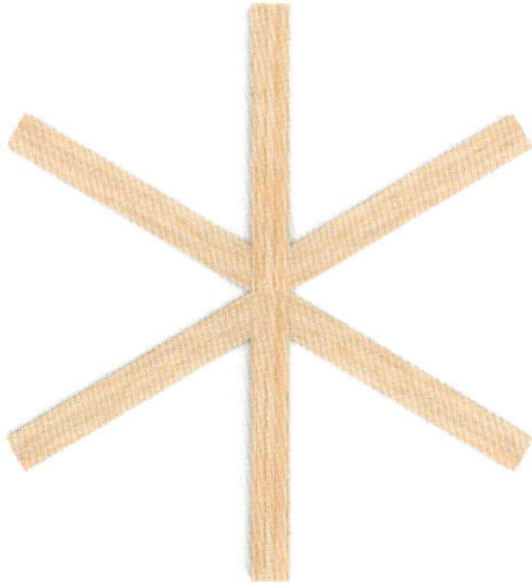

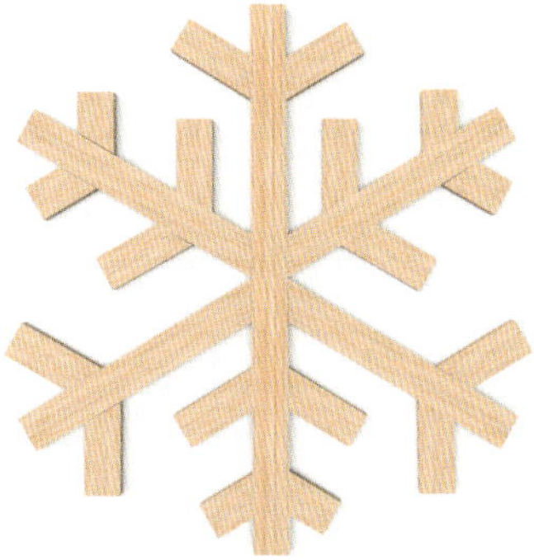

3 2 Klötzchen zu einem Stab zusammenleimen. Plus 4 zugesägte Klötzchen aus Schritt 1.

4 Plus 12 größere Teile und 6 kleinere Teile aus Schritt 2.

# Winterfenster

22 Klötzchen à 22x8x160 mm
Holzleim

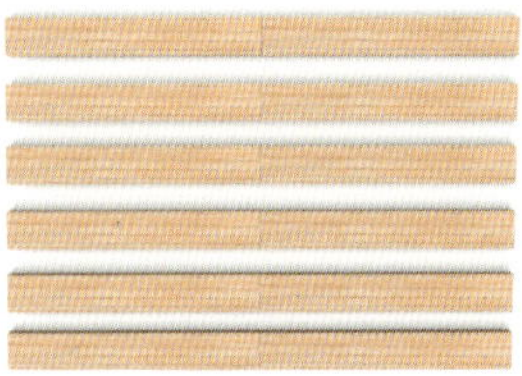

1. 6x 2 Klötzchen.

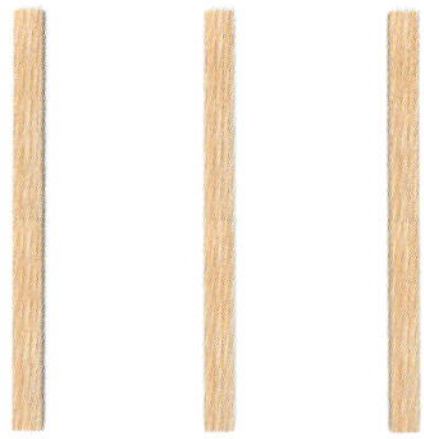

2. 3 Stäbe aus Schritt 1.

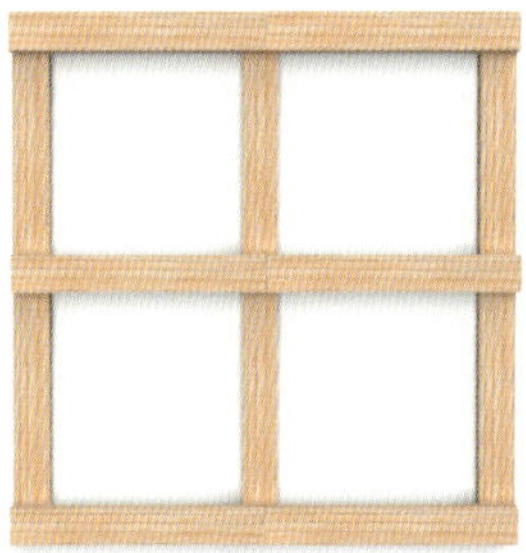

3. Plus 3 Stäbe aus Schritt 1.

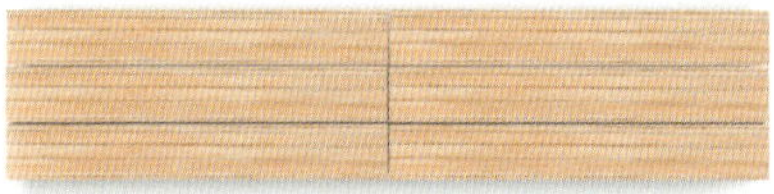

4. 2x 3 Klötzchen.

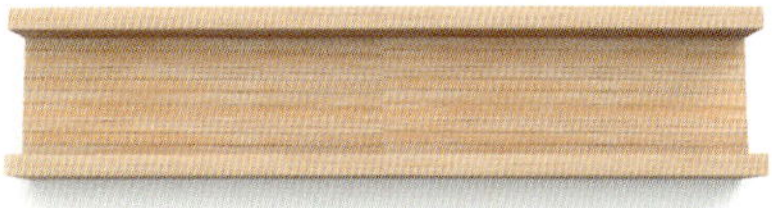

5. Plus 4 Klötzchen.

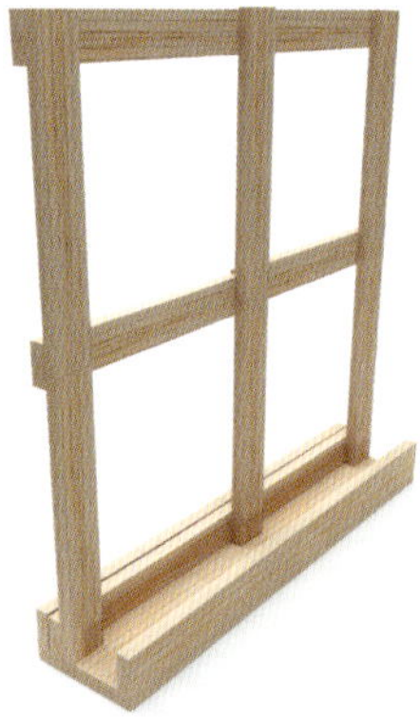

6. Das Fenster von innen an das Element aus Schritt 5 leimen.

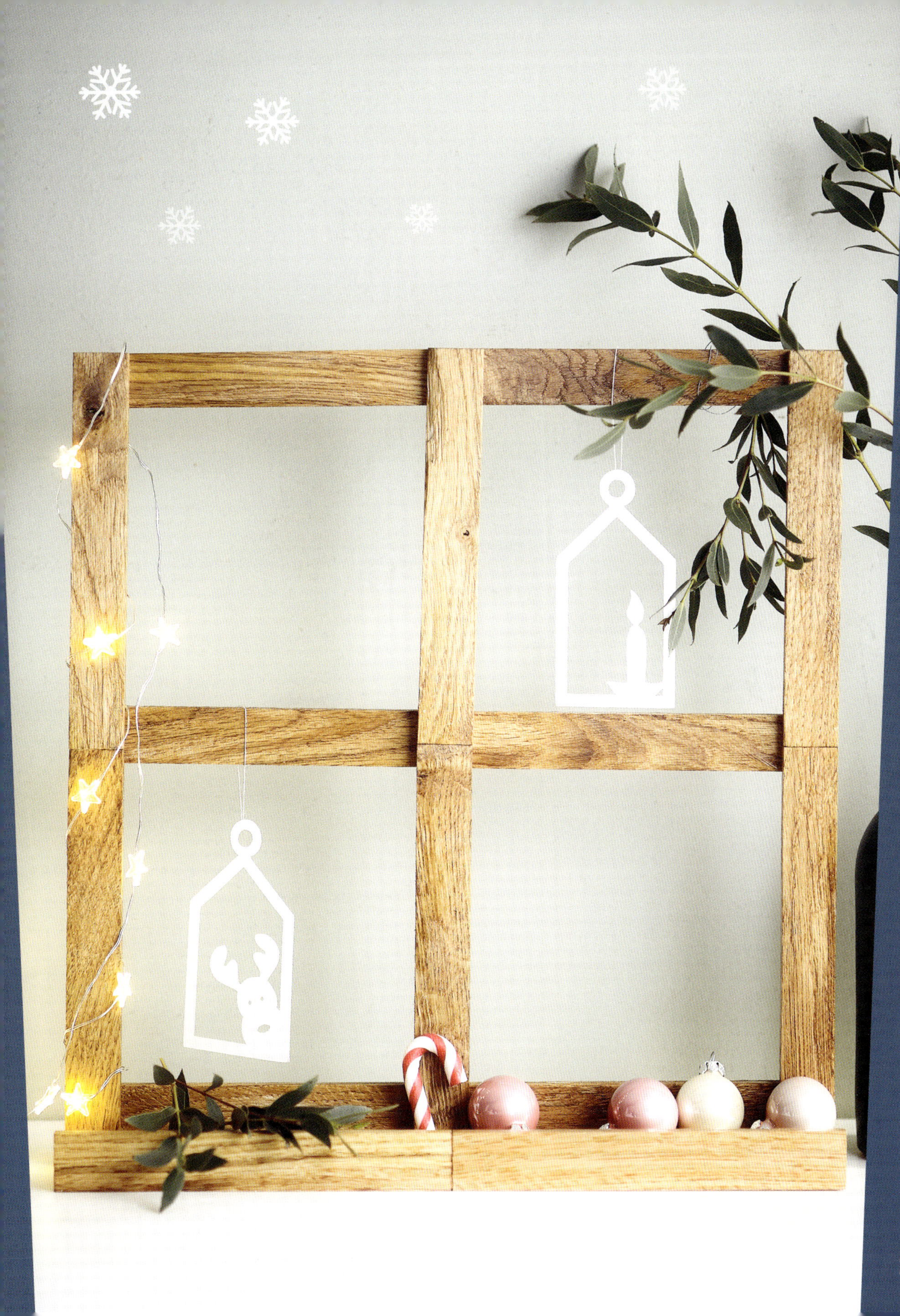

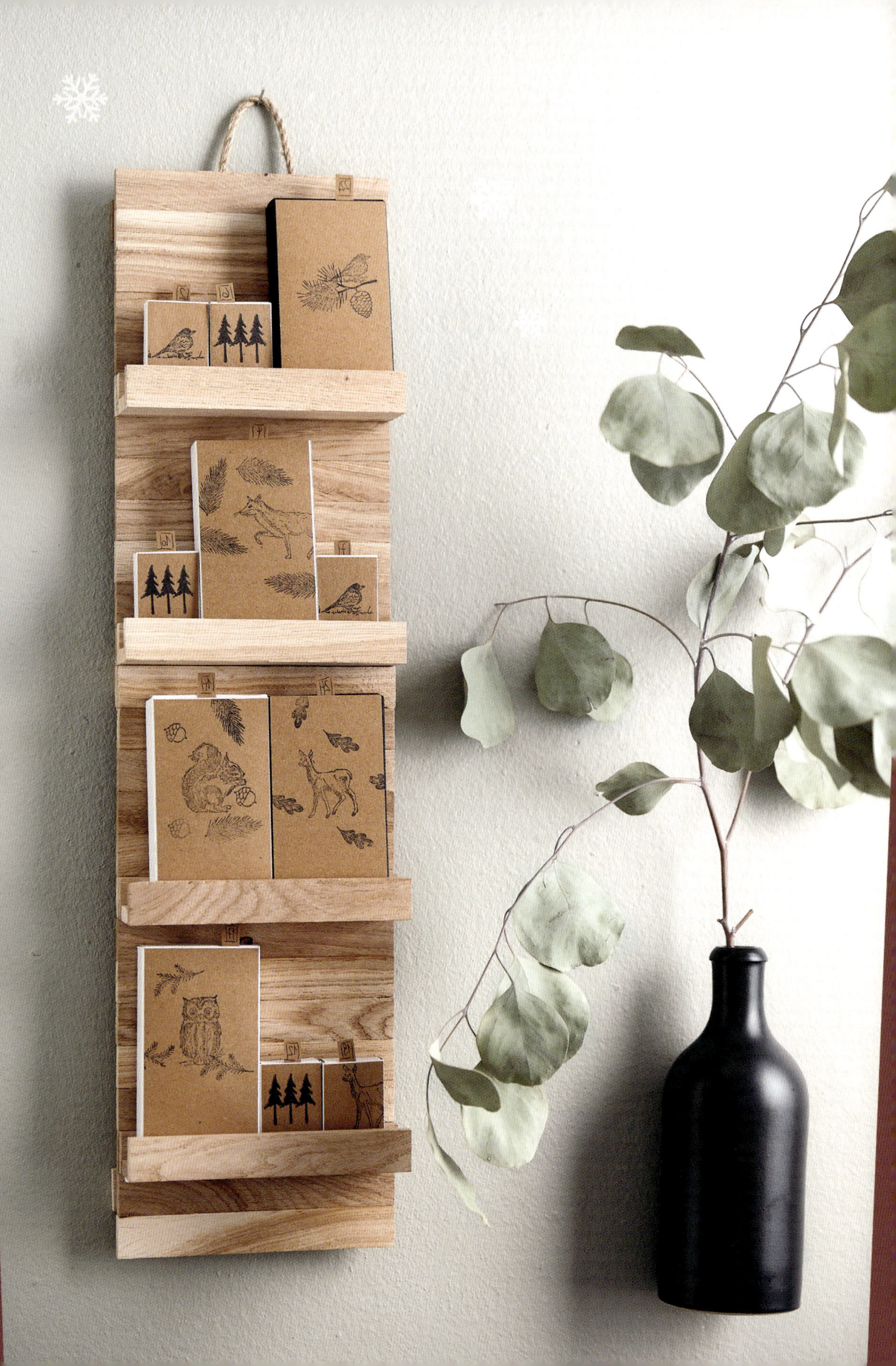

# Adventskalender für die Liebsten

42 Klötzchen à 22x8x160 mm

Streichholzschachteln,
14 große und 10 kleine

Kordel, ca. 15 cm lang

Holzleim

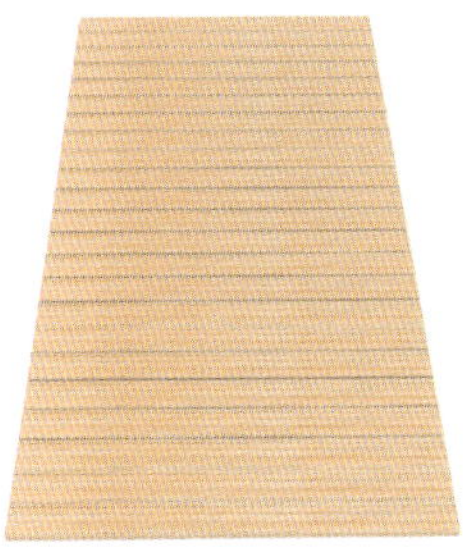

1. 24 Klötzchen.

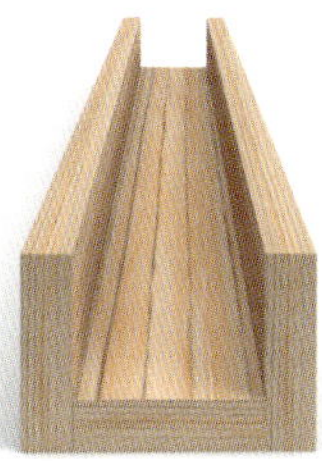

2. 4 Halterungen aus je 3 Klötzchen.

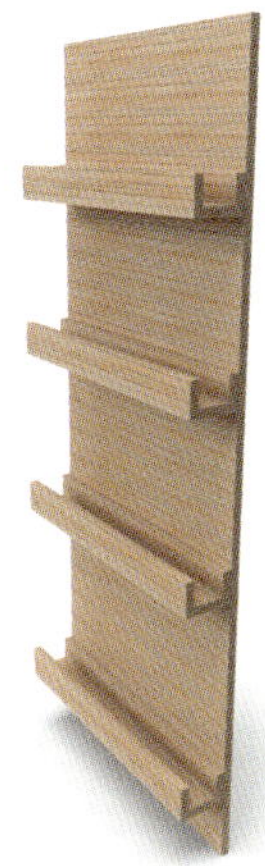

3. Alle 6 Klötzchen ein Element aus Schritt 2 aufkleben.

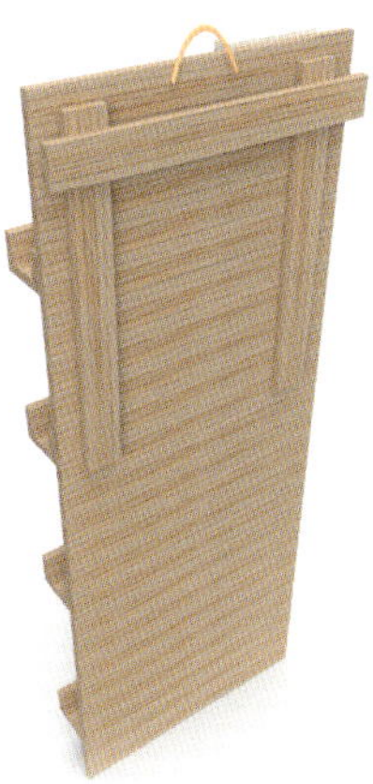

4. Umdrehen. Plus 3 Klötzchen. Kordel als Aufhängung befestigen.

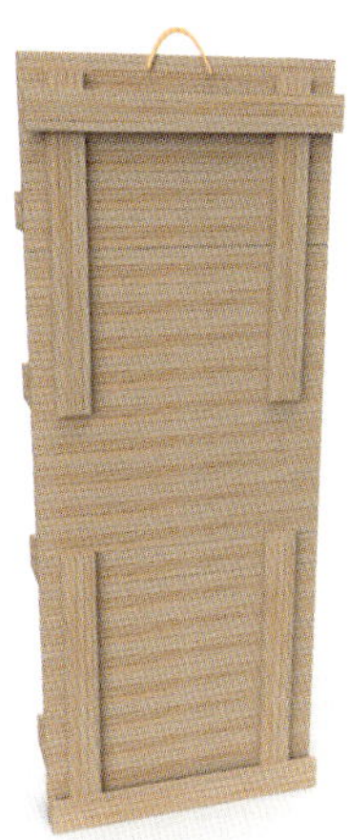

5. Plus 3 Klötzchen.

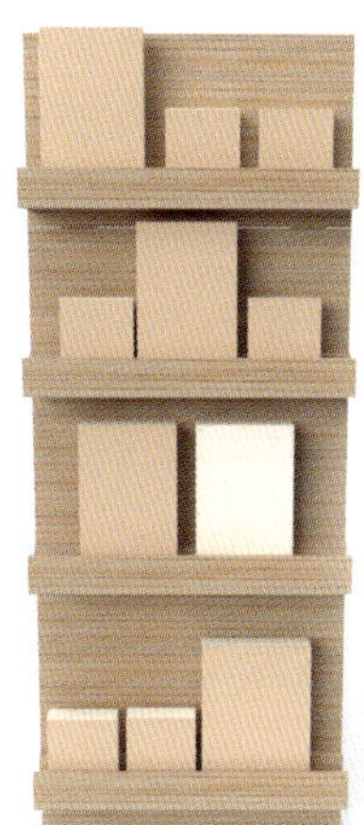

6.

# Warmer Kerzenschein

28 Klötzchen à 22x8x160 mm
2 gleich große Blechdosen
Jutekordel
Filzkreis, ø wie Dosen
LED-Lichterkette
Silikonkleber

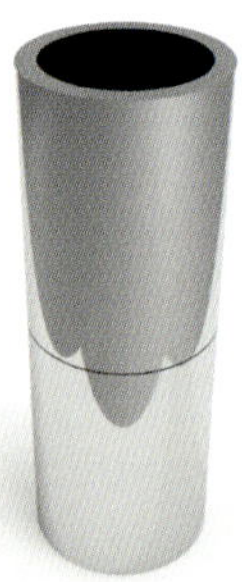

1. Die Dosen Boden an Boden aufeinander stellen.

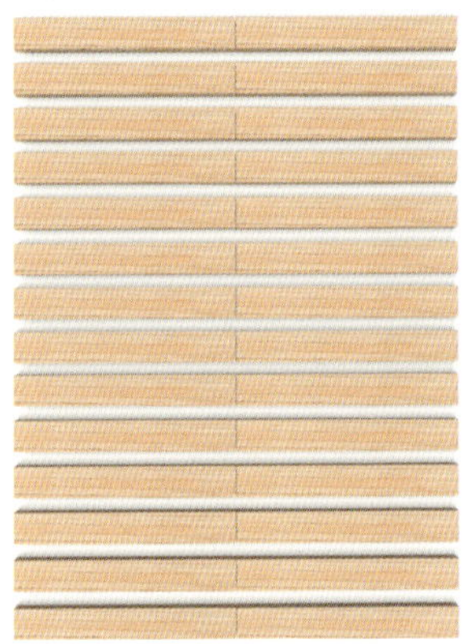

2. 14x 2 Klötzchen.

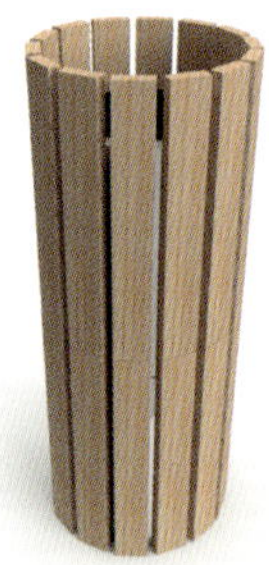

3. Die Dosen mit den Stäben rundum bekleben.

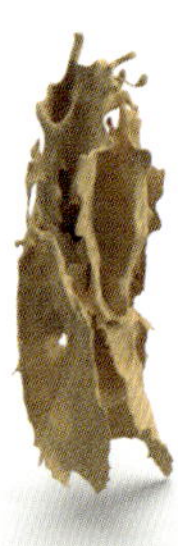

4. Mehrere Stränge der Kordel zu einer Flamme verdrehen. Die Lichterkette in die Flamme einarbeiten.

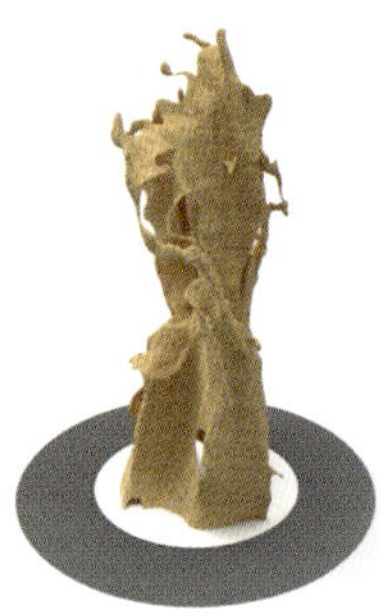

5. In die Mitte des Filzkreises ein Loch mit ø 2 cm schneiden. Die Flamme durchstecken.

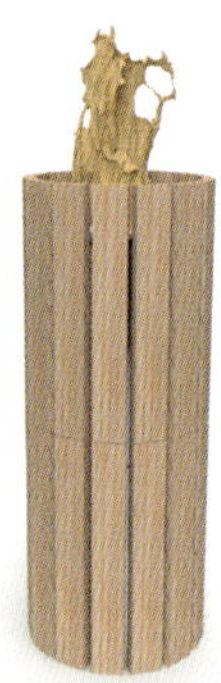

6. Den Filzkreis mit Flamme auf den Rand der oberen Dose kleben.

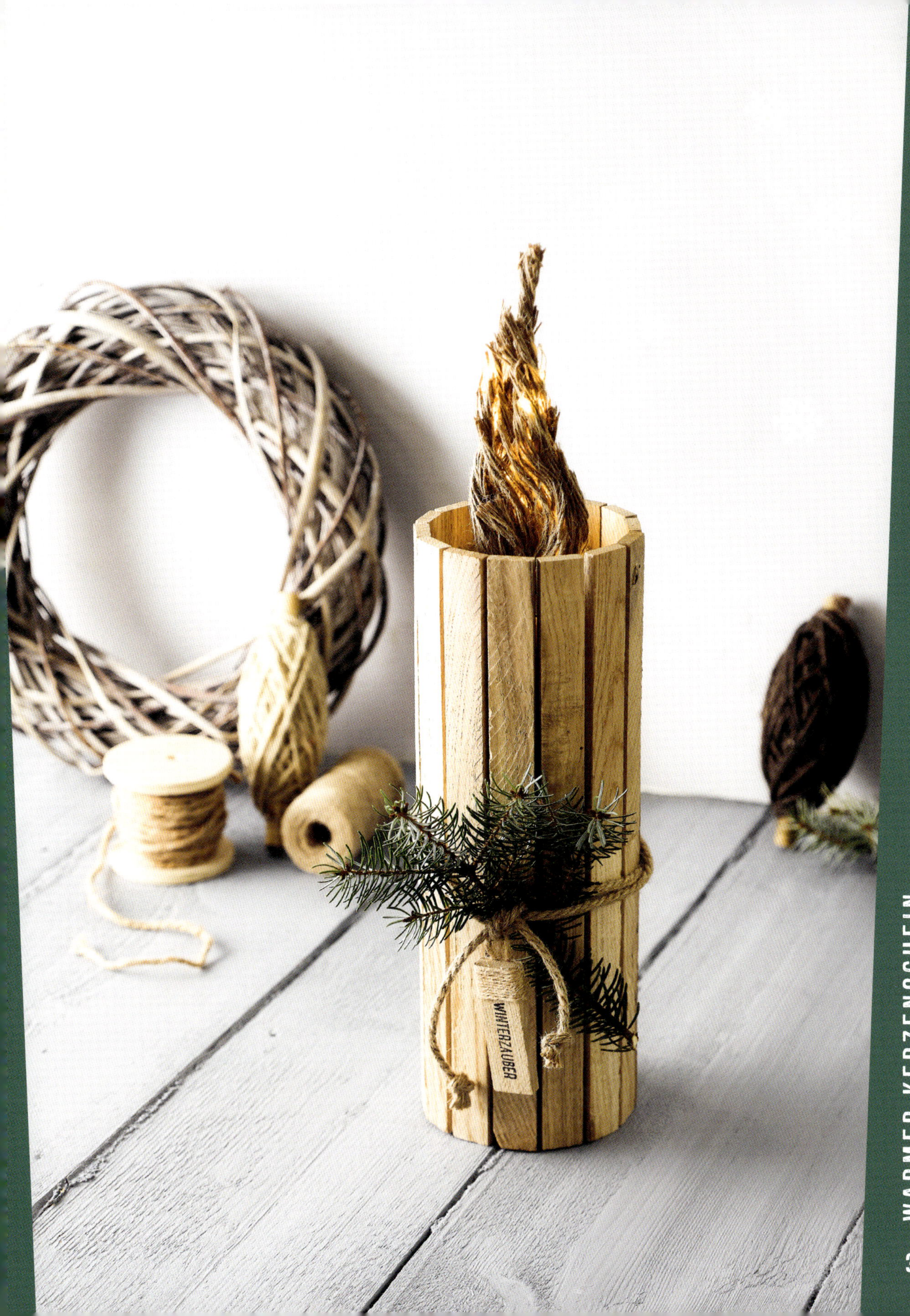
WINTERZAUBER

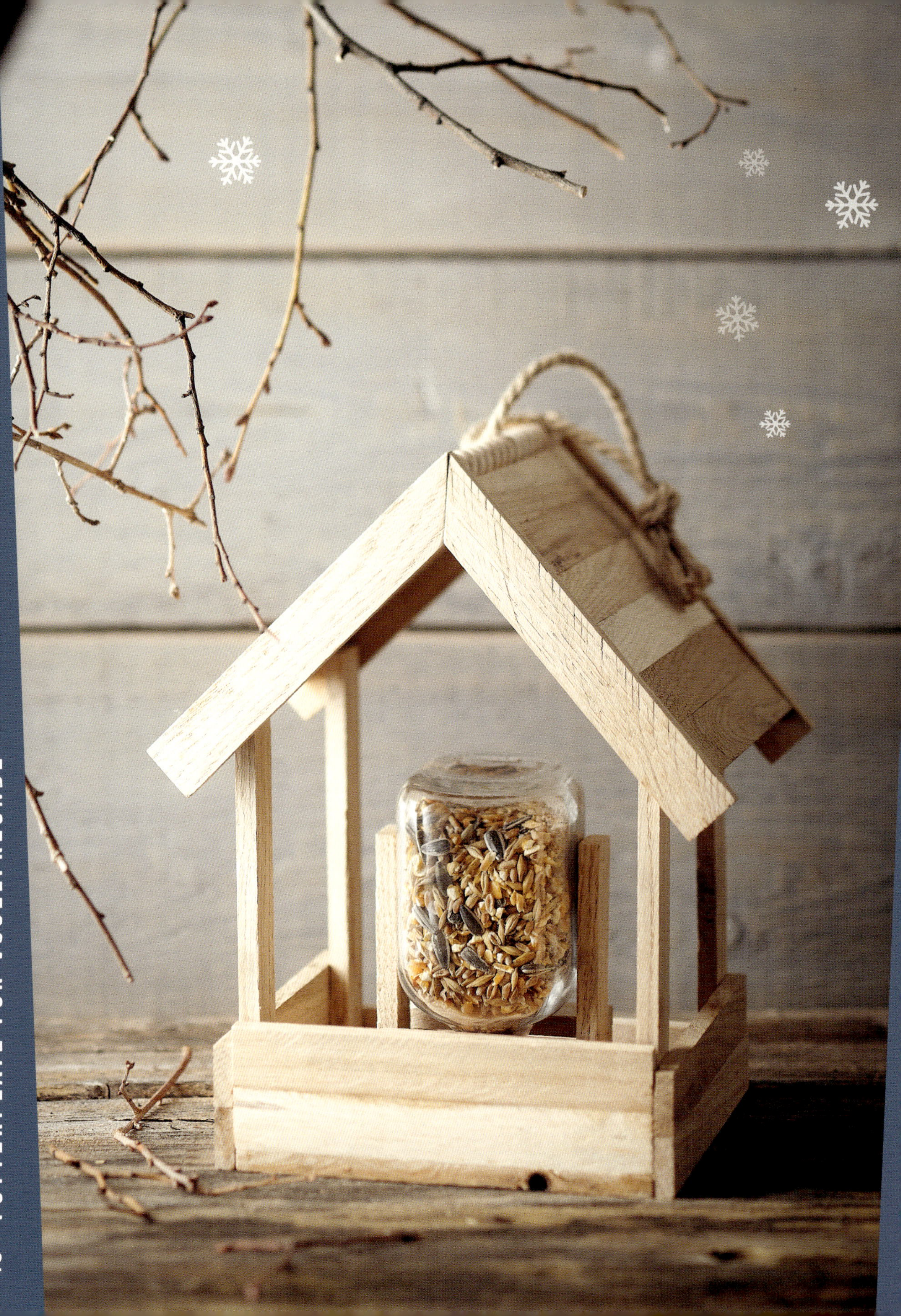

# Futterplatz für Vogelfreunde

37 Klötzchen à 22x8x160 mm
13 Holzkugeln, ø 12 mm
Glas
Vogelfutter
Holzleim
Säge
Gehrungslade

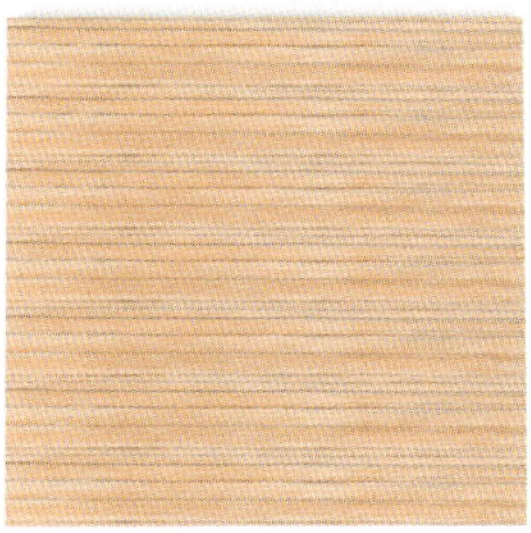

1. 7 Klötzchen.

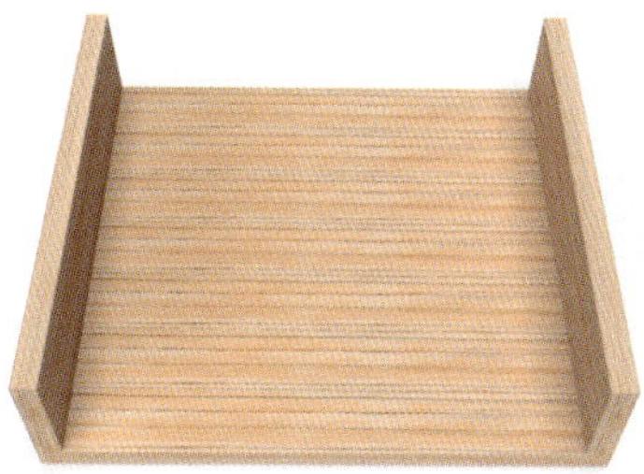

2. Plus 2x 2 Klötzchen.

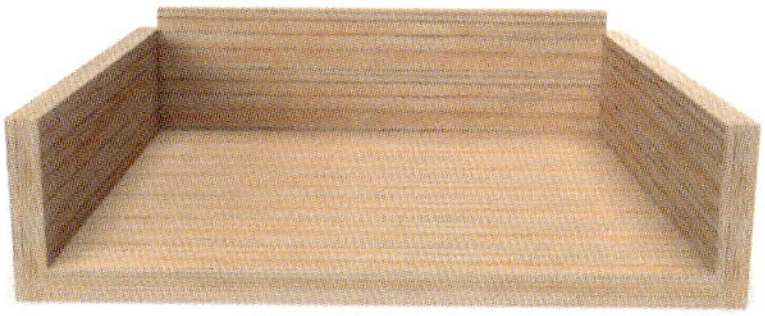

3. Plus 2 Klötzchen.

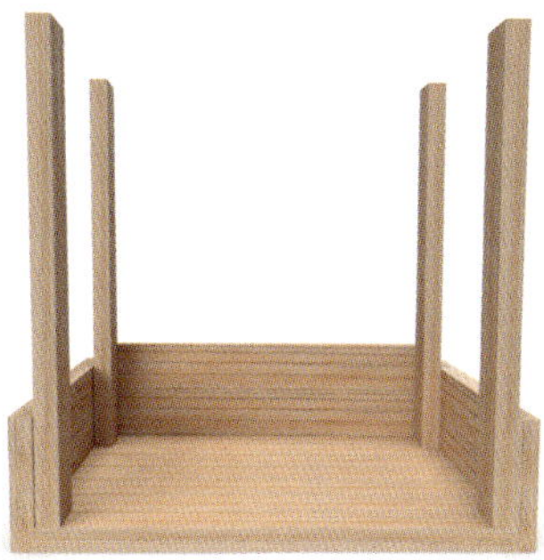

4. Plus 4 Klötzchen.

▸ Weiter geht's auf Seite 34!

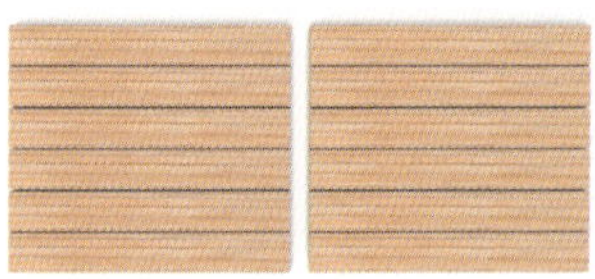

5. 2 Platten à 6 Klötzchen.

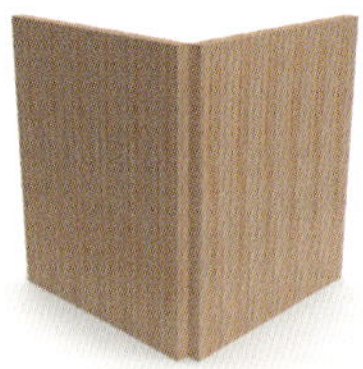

6. Die Platten zu einem Dach zusammensetzen.

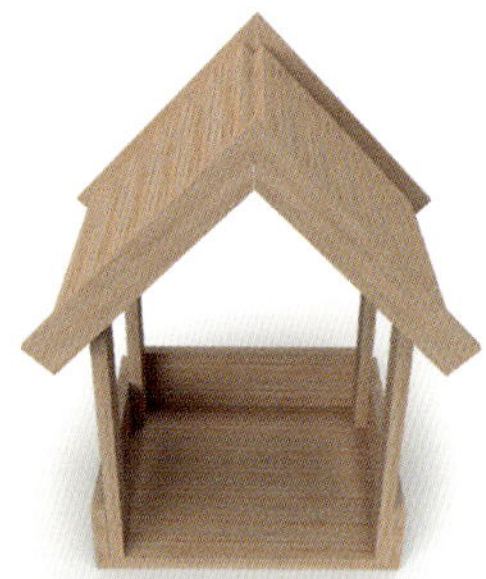

7. 4 Klötzchen jeweils an einem Ende auf Gehrung sägen. Als Blenden vorne und hinten ans Dach kleben.

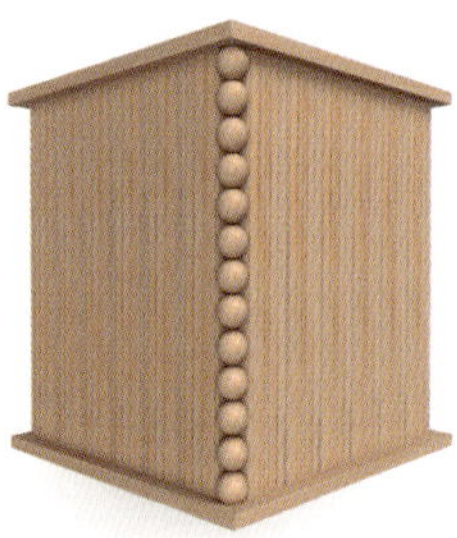

8. Die Holzkugeln auf den Dachfirst aufkleben.

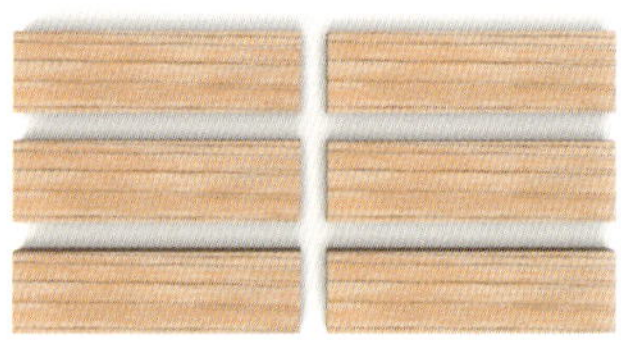

9. 3 Klötzchen in der Mitte durchsägen.

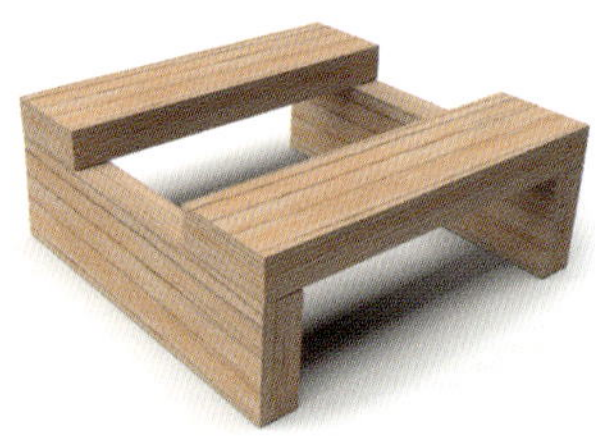

10. 4 halbe Klötzchen.

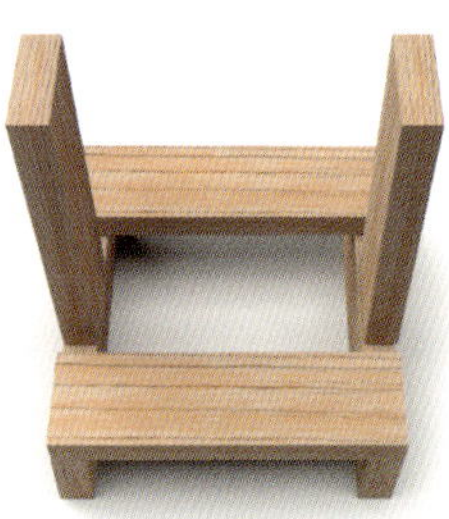

11. Plus 2 halbe Klötzchen.

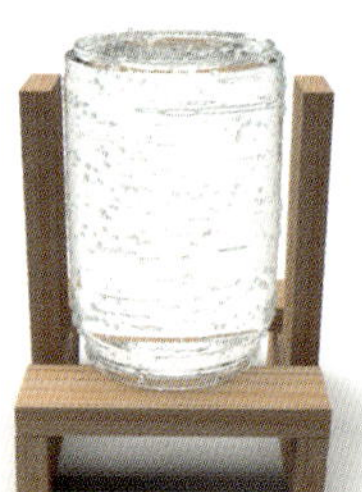

12. Glas in Halterung einsetzen, beides ins Häuschen stellen.

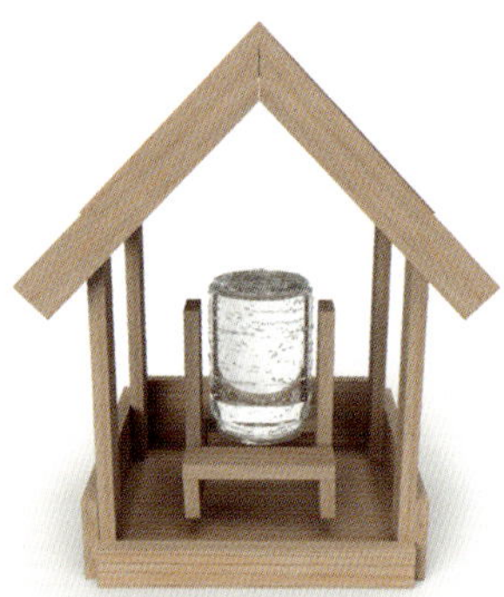

13. Ein Klötzchen an die Vorderseite kleben.

# Romantische Laterne

**Für die Laterne**
38 Klötzchen à 22x8x160 mm
Windradfolie

**Für den Deckel**
7 Klötzchen à 22x8x160 mm
Holzkugel, ø 2 cm

Holzleim
Säge

## LATERNE

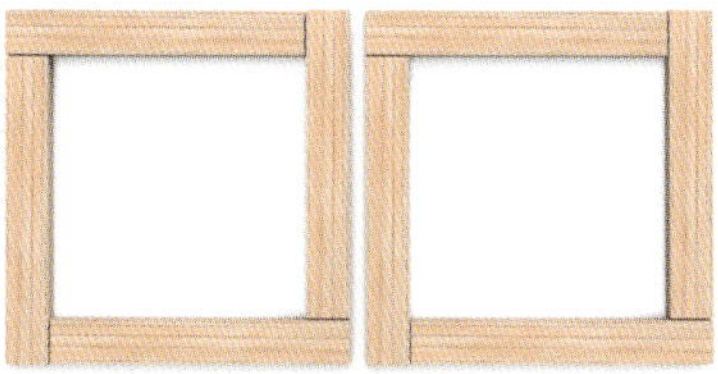

1. 2 Rahmen aus je 4 Klötzchen (flach liegend).

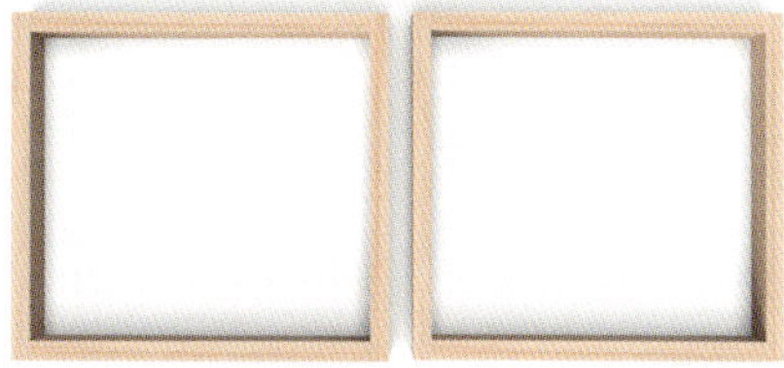

2. 2 Rahmen aus je 4 Klötzchen (hochkant).

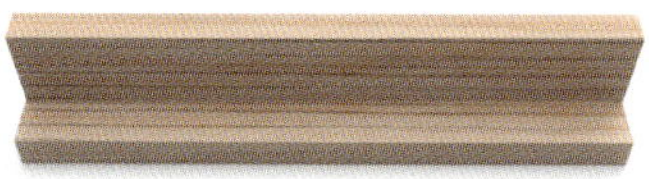

3. 4 Winkel aus je 2 Klötzchen.

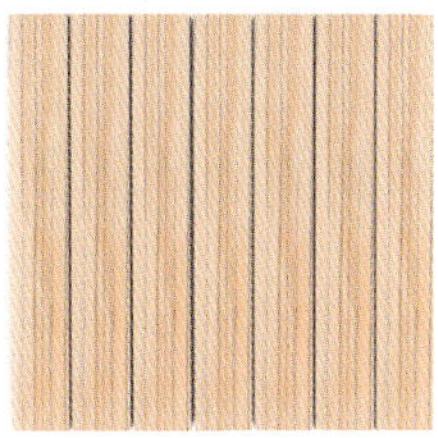

4. 7 Klötzchen.

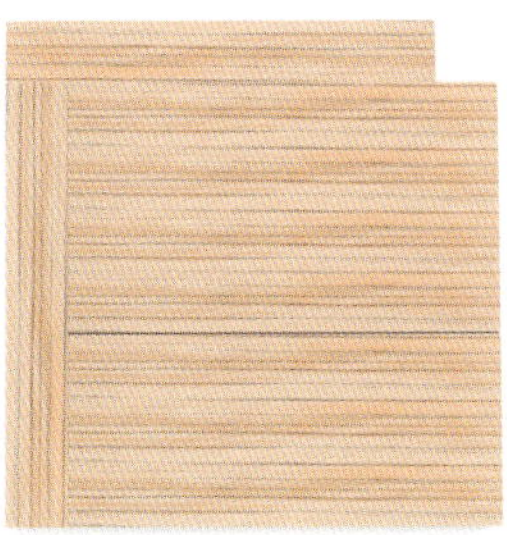

5. Plus 2 Klötzchen.

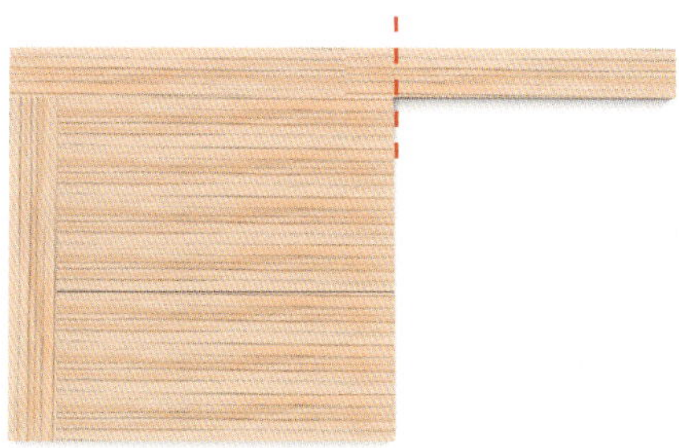

6. Plus 1 Klötzchen. Bündig zur Platte absägen.

▶ Weiter geht's auf Seite 37!

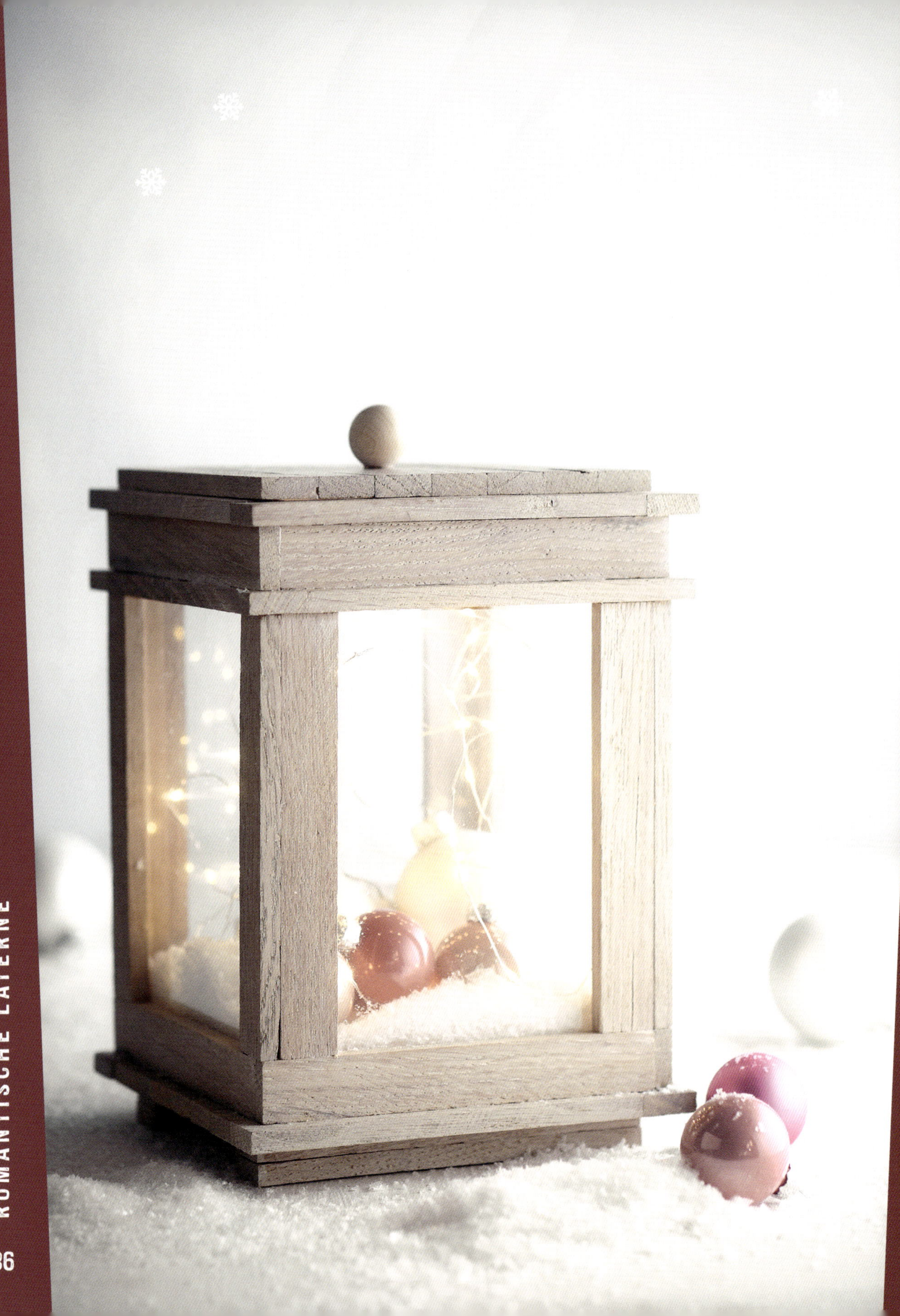

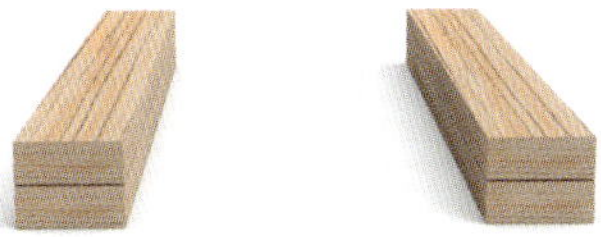

7. 2x 2 Klötzchen als Standfüße unter die Platte kleben.

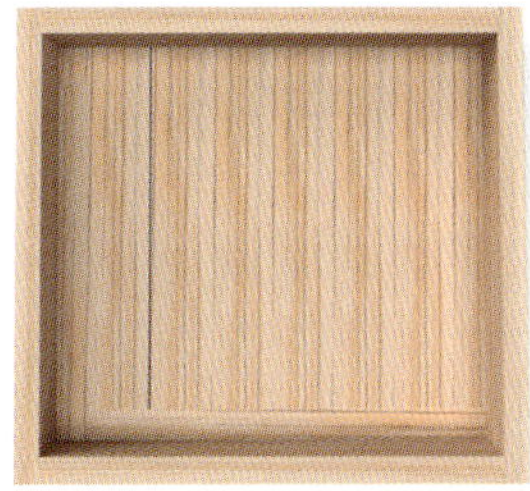

8. Einen Rahmen aus Schritt 2 auf die Platte kleben.

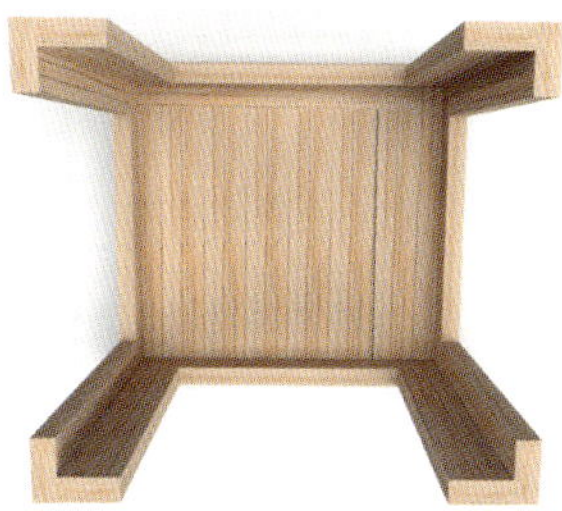

9. Plus Winkel aus Schritt 3.

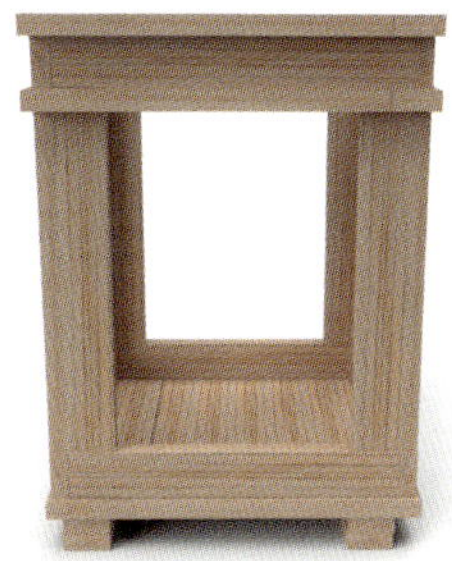

10. Plus einen Rahmen aus Schritt 1, einen Rahmen aus Schritt 2 und wieder einen Rahmen aus Schritt 1.

## DECKEL

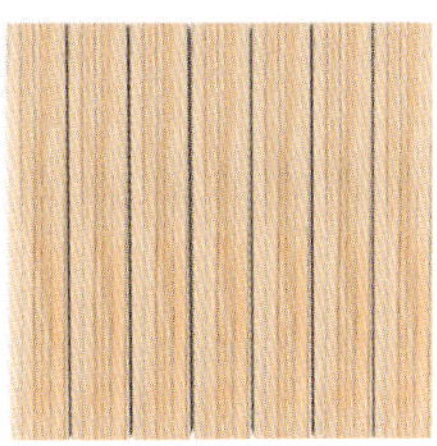

1. 7 Klötzchen.

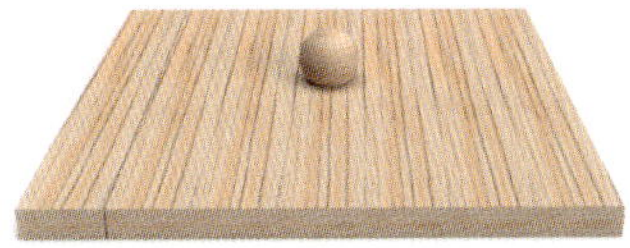

2. Die Holzkugel als Griff mittig auf den Deckel leimen.

# Dekorative Adventskiste

54 Klötzchen à 22x8x160 mm
Holzleim

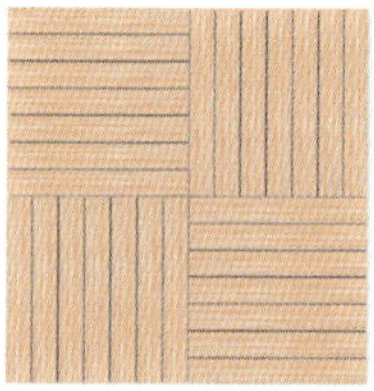

1. 4x 7 Klötzchen.

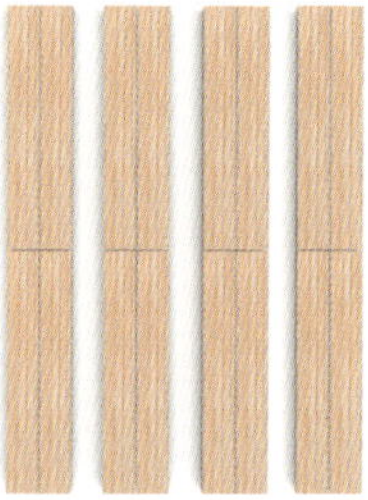

2. 4x 4 Klötzchen.

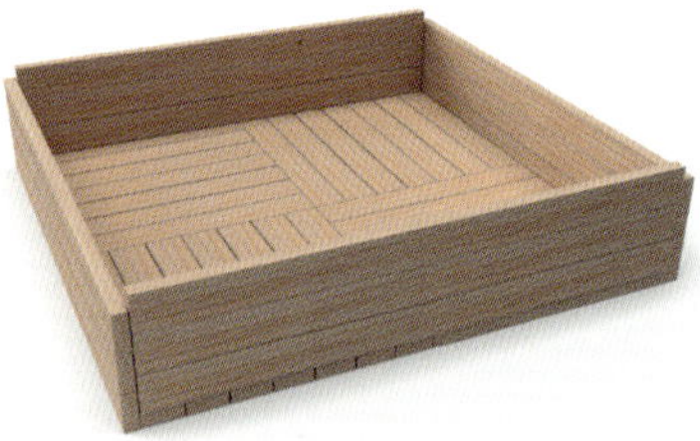

3. Elemente aus Schritt 2 als Rand auf Platte aus Schritt 1 kleben. Dabei den Rand auf zwei gegenüberliegenden Seiten **auf** die Platte, auf den beiden anderen Seiten **an** die Seite der Platte kleben.

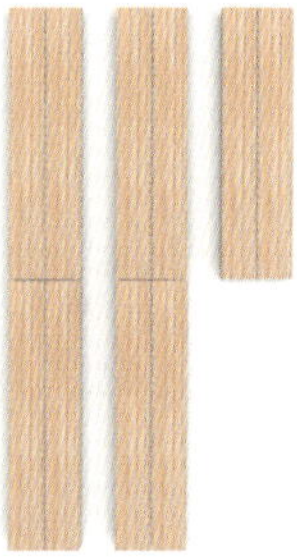

4. 2x 4 Klötzchen und 1x 2 Klötzchen.

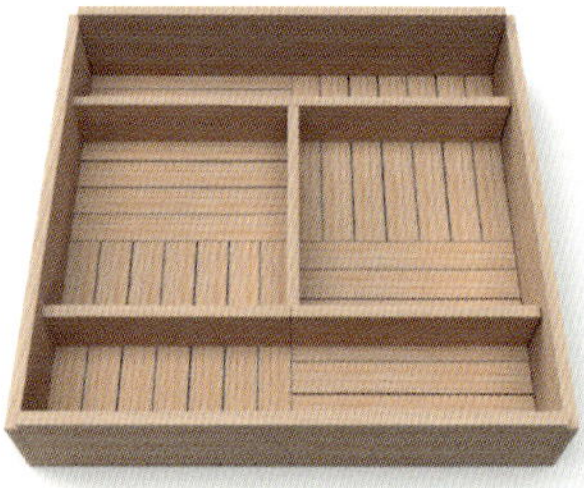

5. Die Elemente aus Schritt 4 als Trennwände in die Kiste kleben.

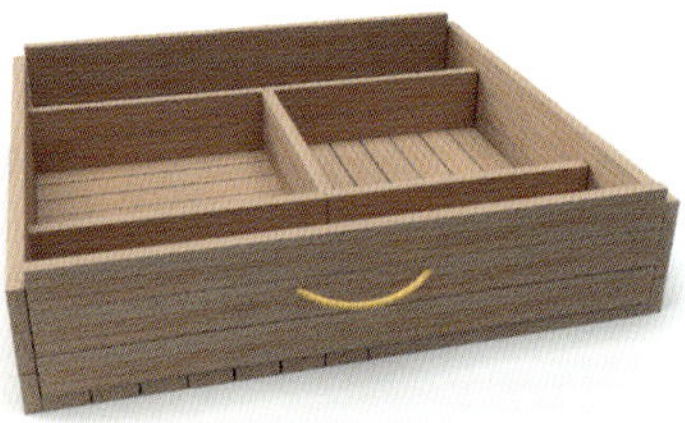

6. Die Kordelstücke an den Enden verknoten und auf zwei gegenüberliegenden Seiten der Kiste als Griffe anbringen.

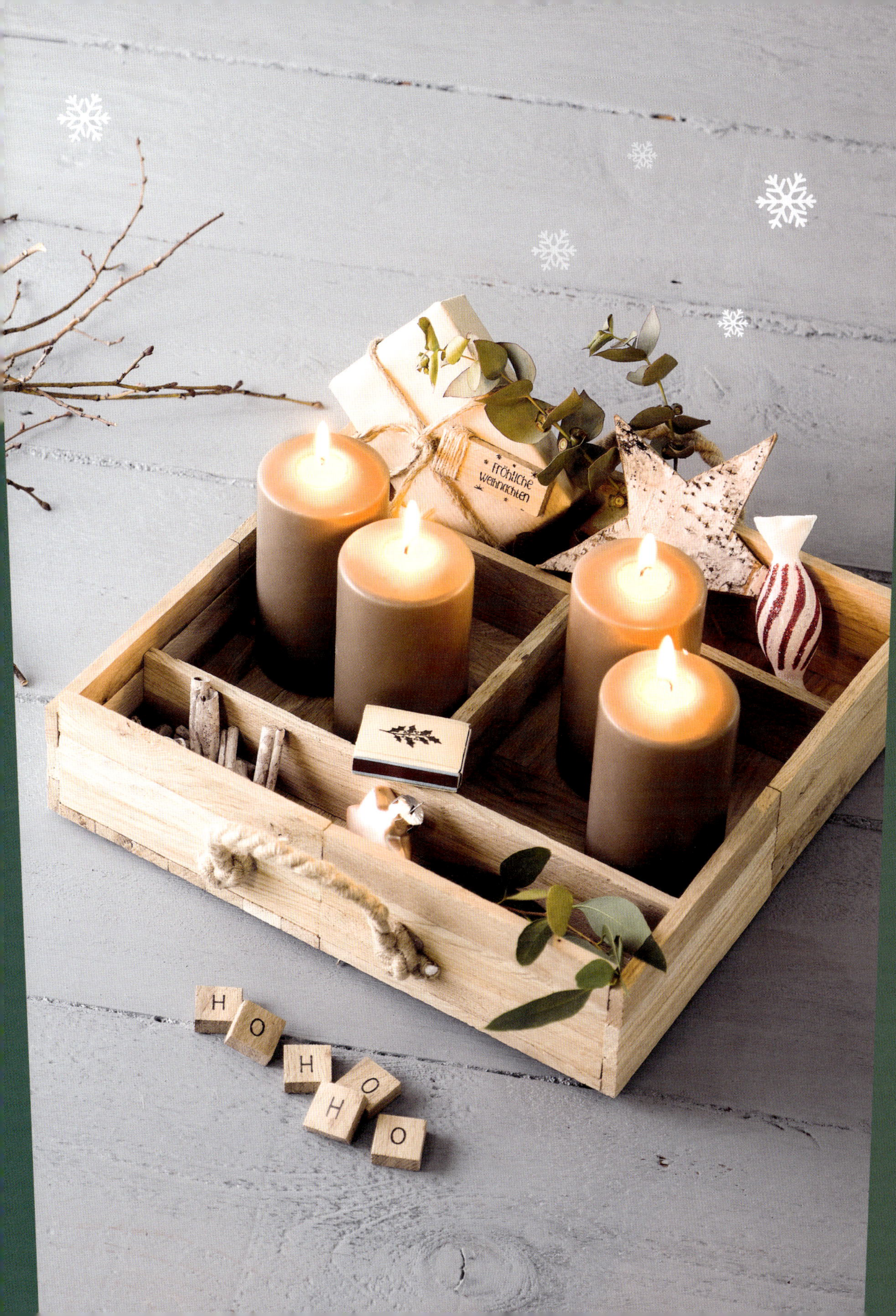
Fröhliche Weihnachten
HO
HO
HO

# Leuchtender Sternenzauber

10 Klötzchen à 16x8x160 mm
20 Klötzchen à 22x8x160 mm
LED-Lichterkette
Holzleim

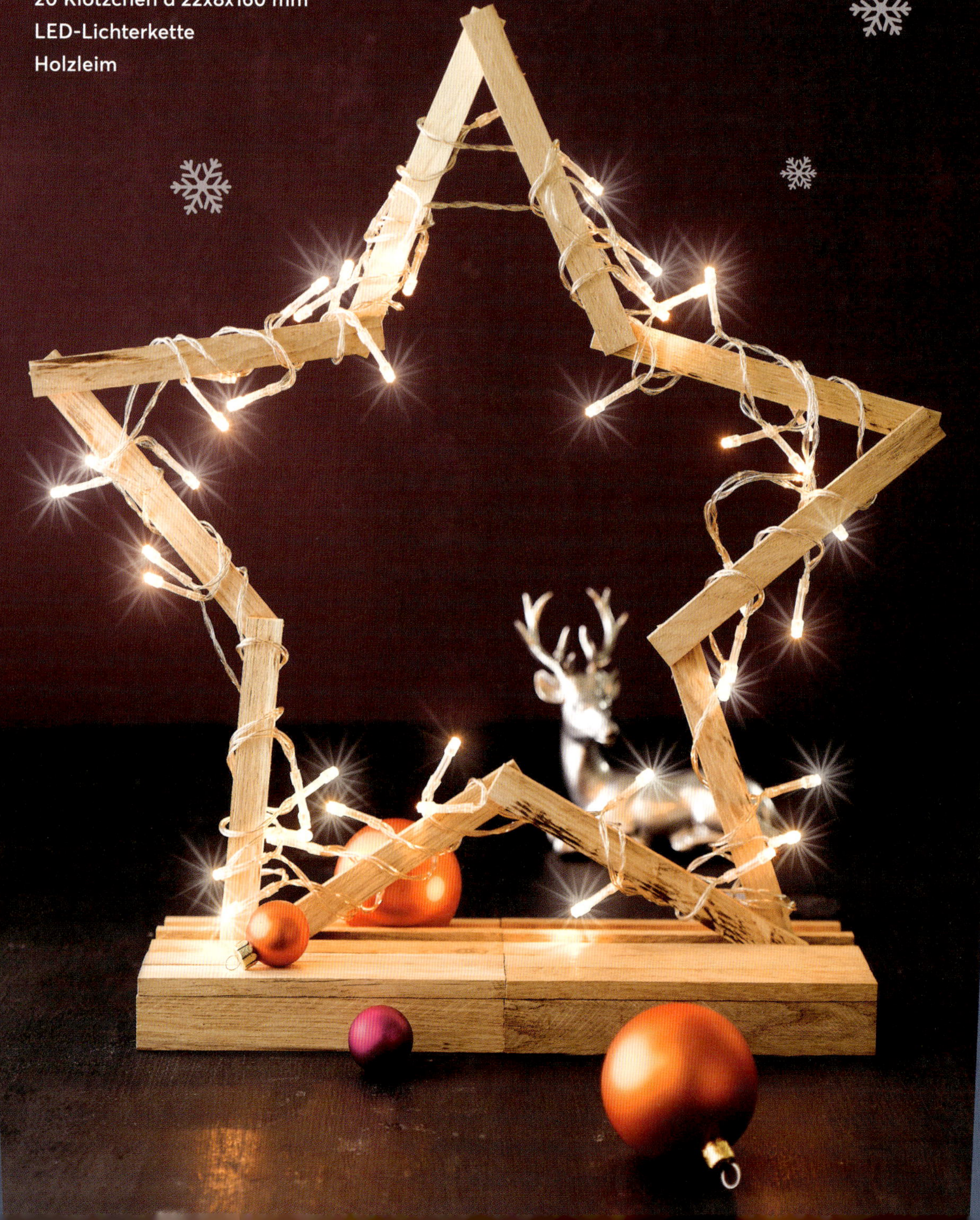

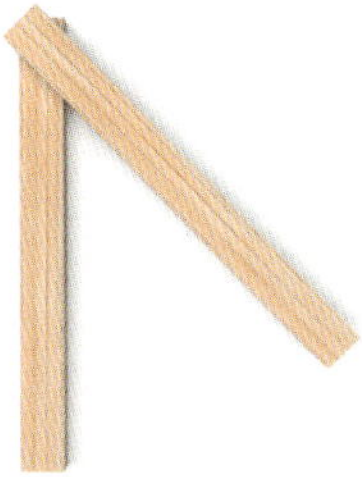

1. 5x 2 schmale Klötzchen im 45°-Winkel an einem Ende zusammenkleben.

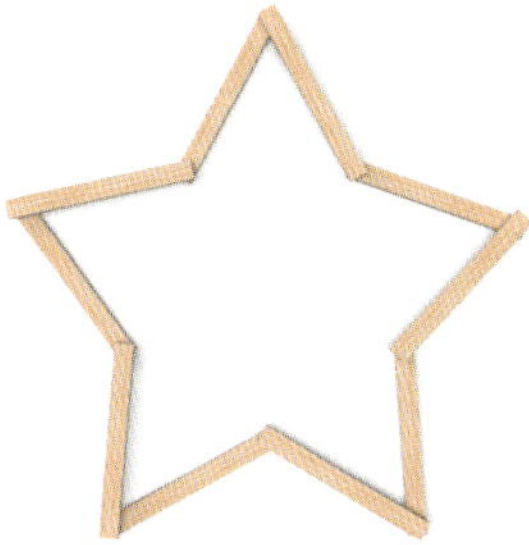

2. Die Elemente aus Schritt 1 zu einem Stern zusammensetzen.

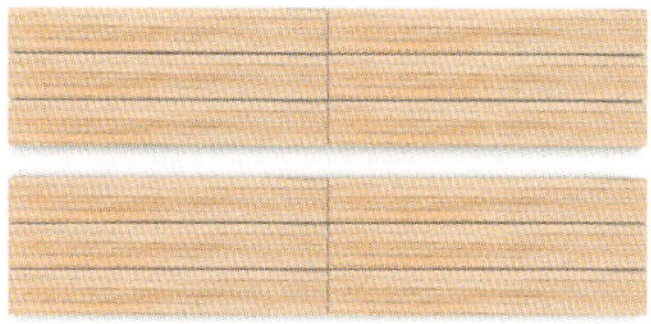

3. 2x 6 Klötzchen.

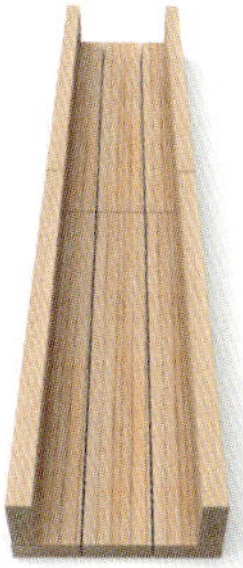

4. Ein Element aus Schritt 3 plus 4 Klötzchen. Umdrehen.

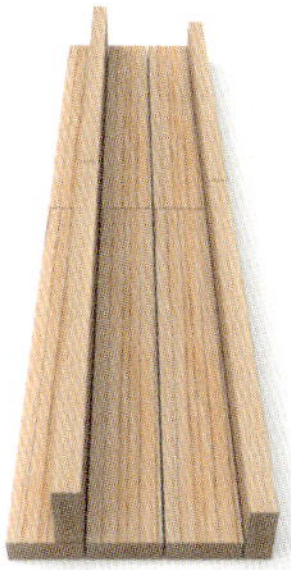

5. Zweites Element aus Schritt 3 plus 4 Klötzchen.

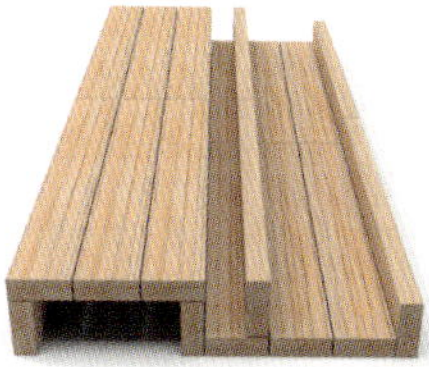

6. Element aus Schritt 4 und 5 zusammensetzen.

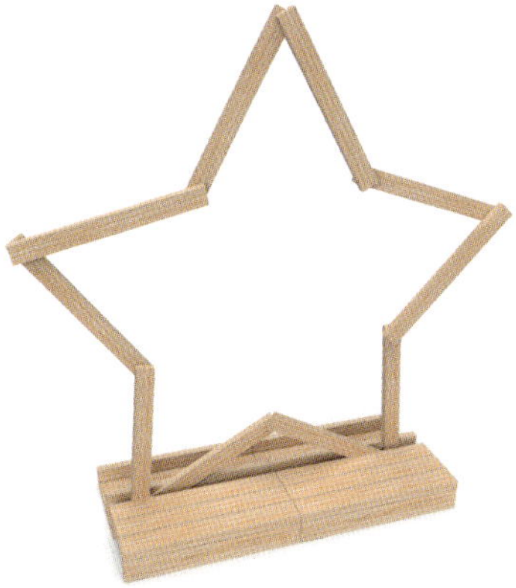

7. Die Lichterkette um den Stern herumwickeln. Stern in den schmalen Schlitz stecken. Das Batteriefach unter das Element aus Schritt 4 schieben.

# Schlichte Krippe

**Für die Krippe**
19 Klötzchen à 22x8x160 mm

**Für die Figuren**
3 Klötzchen à 22x8x160 mm
1 Klötzchen 22x8x30 mm
2 Holzkugeln, ø 25 mm
1 Holzkugel, ø 20 mm
Wollrest in Braun

Holzleim
Säge
Gehrungslade

## KRIPPE

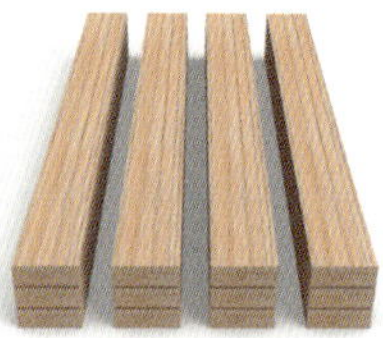

1. 4x 3 Klötzchen.

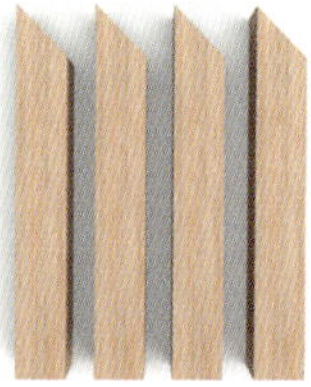

2. An allen Elementen aus Schritt 1 eine Ecke im 45°-Winkel absägen.

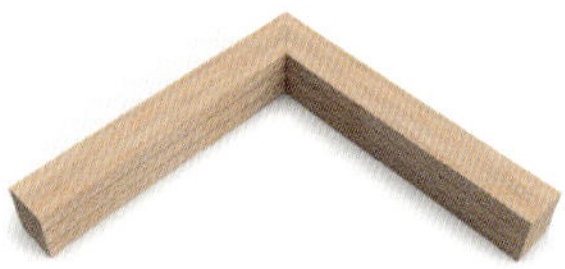

3. 2 Elemente aus Schritt 2 an den Winkeln zusammensetzen.

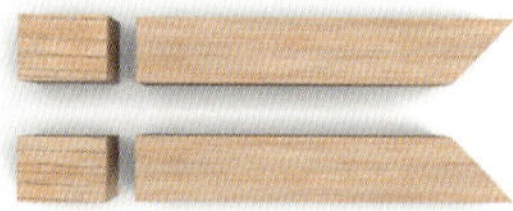

4. Die restlichen Elemente aus Schritt 2 am geraden Ende jeweils um 3 cm kürzen.

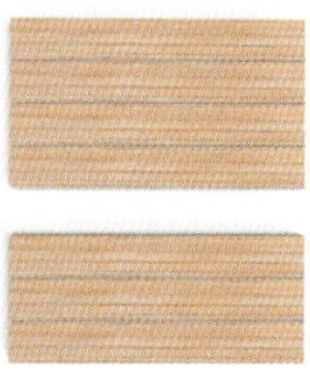

5. Platten aus 3 Klötzchen und 4 Klötzchen.

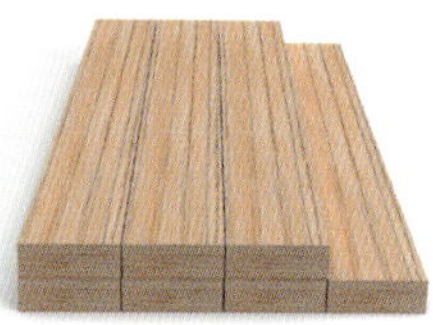

6. Die kleine Platte auf die größere kleben.

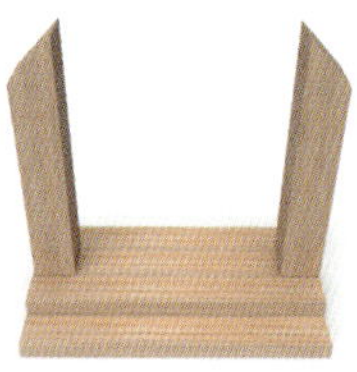

7. Plus die Elemente aus Schritt 4.

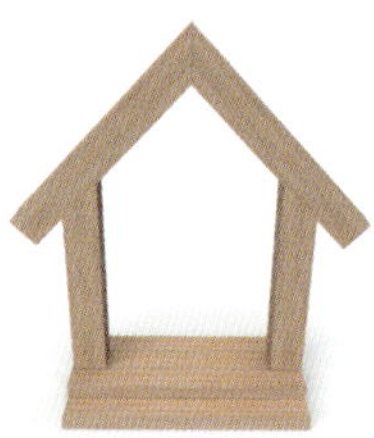

8. Plus Winkel aus Schritt 3.

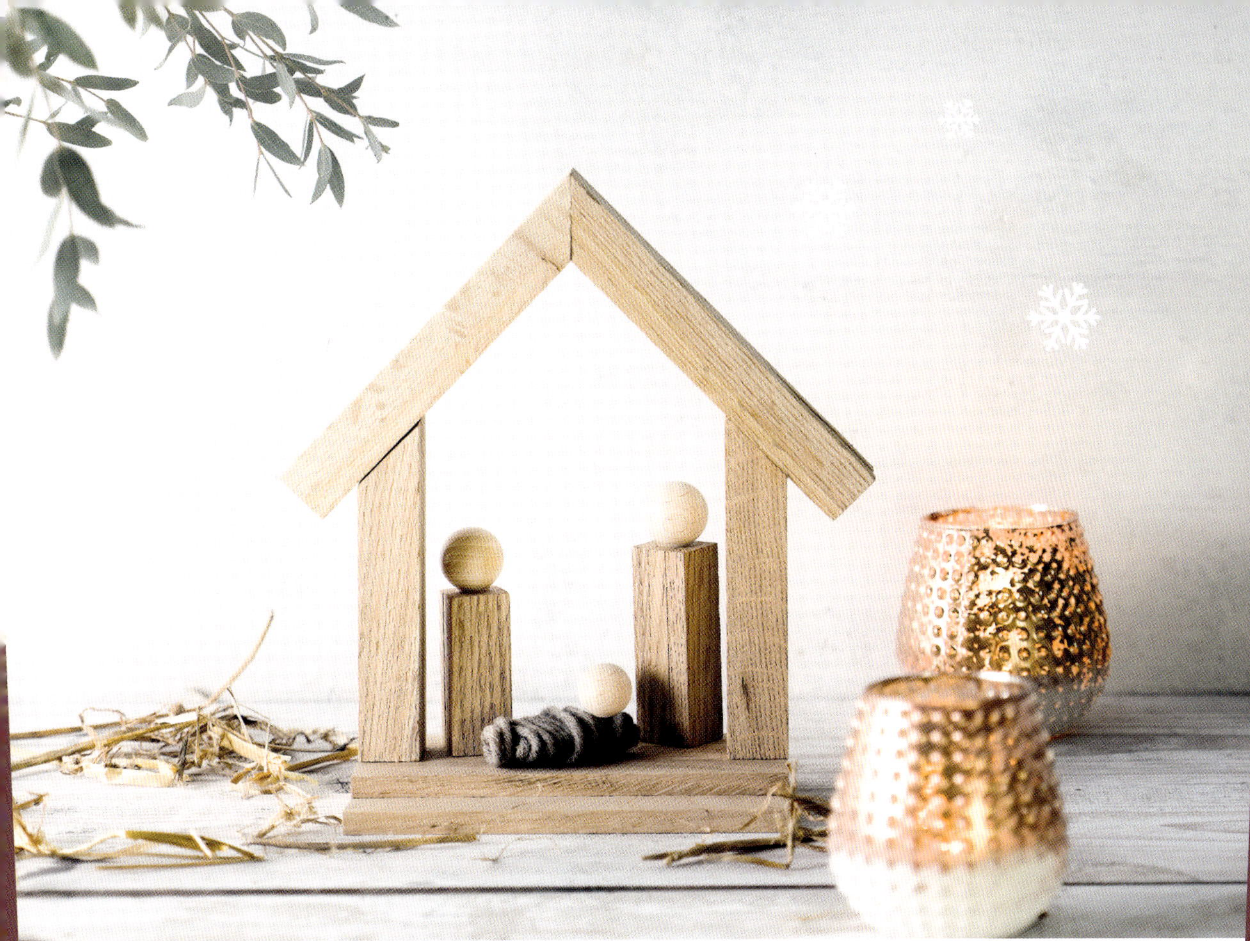

## FIGUREN

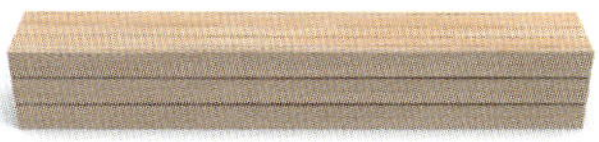

1. 3 Klötzchen.

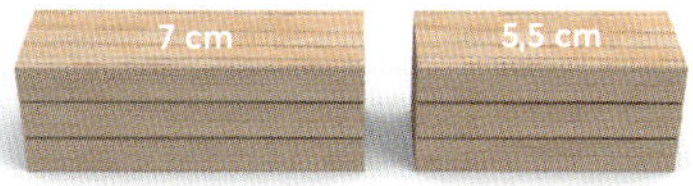



2. Aus dem Element aus Schritt 1 ein 5,5 cm und ein 7 cm langes Stück zusägen.

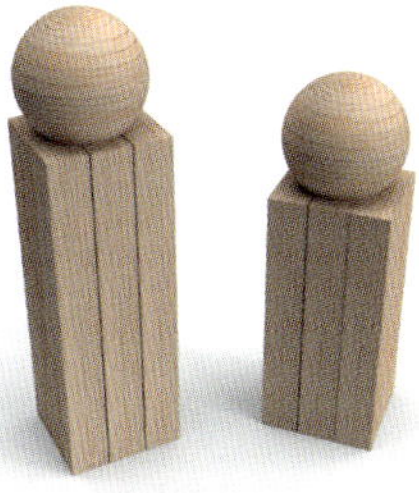

3. Je eine größere Kugel als Kopf auf die Schnittstellen der Elemente aus Schritt 2 kleben.

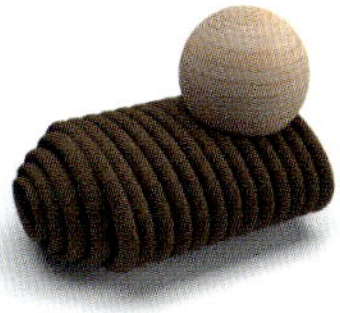

4. Die kleine Kugel an einem Ende des kurzen Klötzchens als Kopf aufkleben. Das Klötzchen mit der Wolle umwickeln.

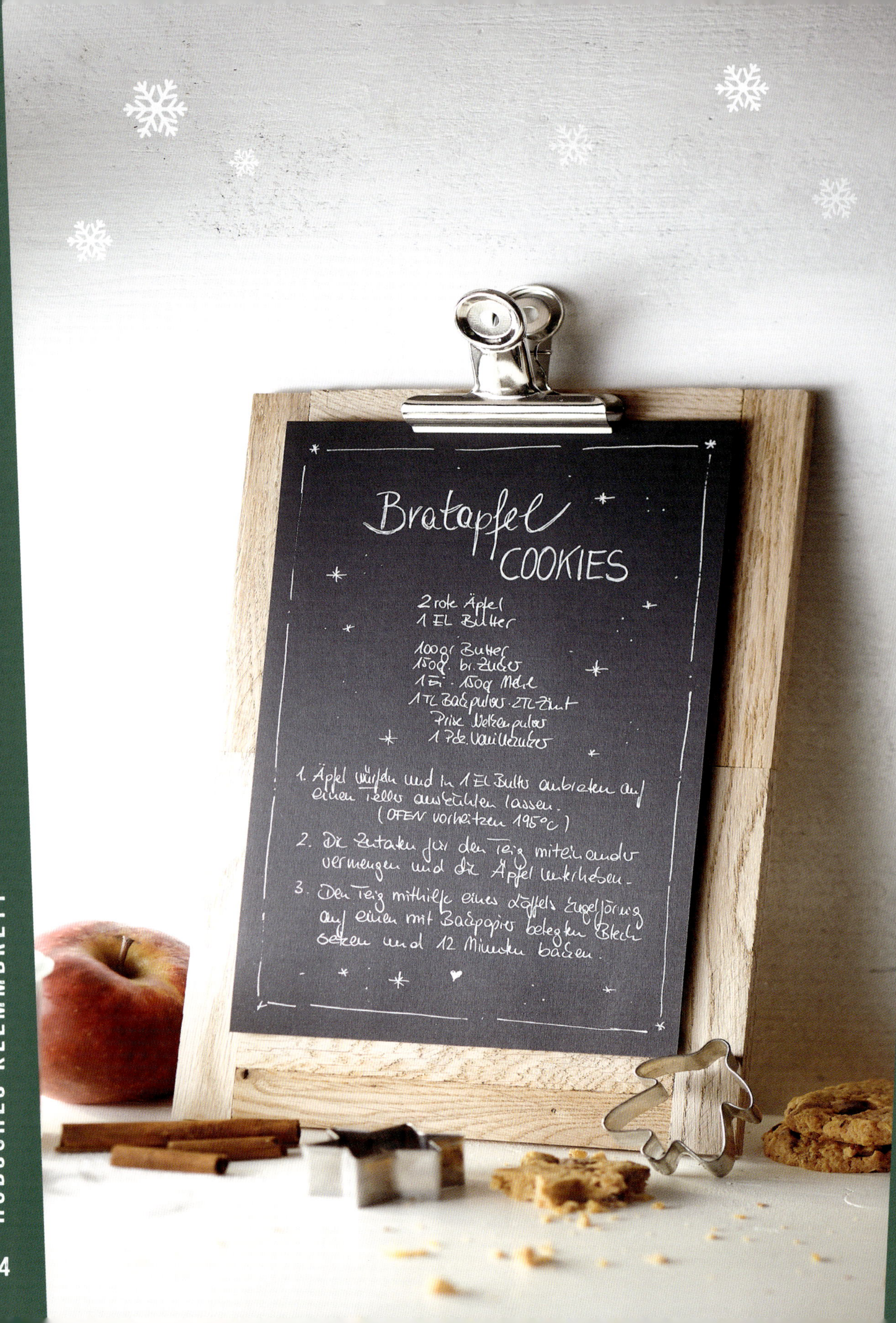


HÜBSCHES KLEMMBRETT

# Hübsches Klemmbrett

18 Klötzchen à 22x8x160 mm
Klemme
Holzleim
Silikonkleber

1. 14 Klötzchen.

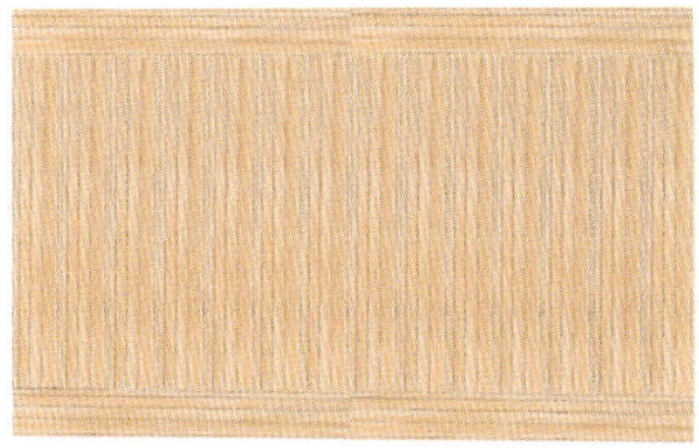

2. Plus 4 Klötzchen.

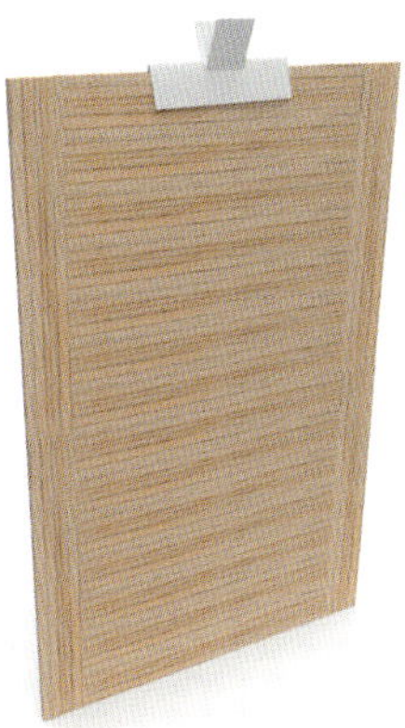

3. Die Klemme mit Silikonkleber auf dem Brett befestigen.

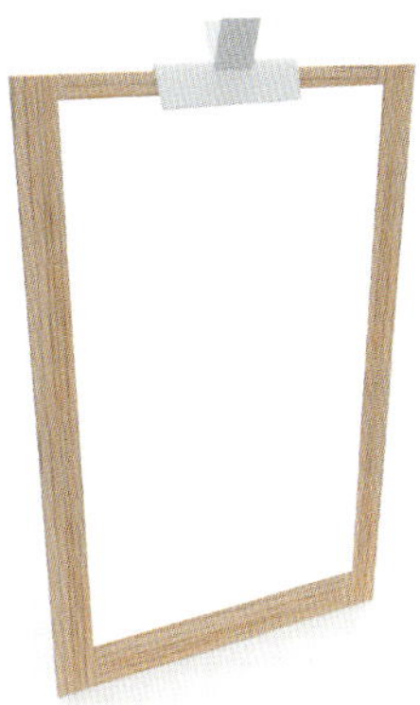

4. Lieblingsrezept einklemmen!

# O Tannenbaum!

21 Klötzchen à 22x8x160 mm
LED-Lichterkette
Holzleim

Säge
Gehrungssäge

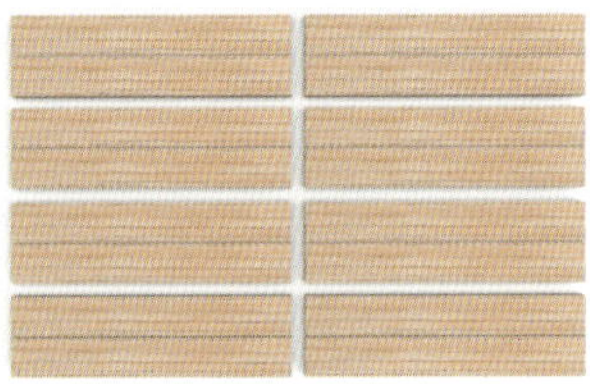

1. 8x 2 Klötzchen.

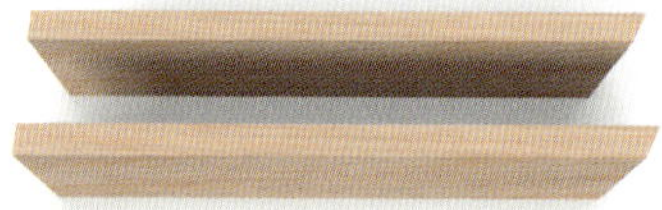

2. An 2 Elementen aus Schritt 1 je eine Ecke im 60°-Winkel absägen.

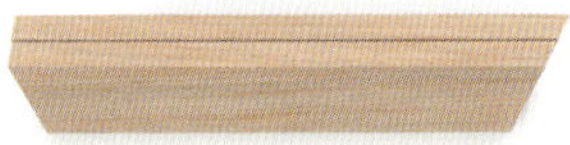

3. 2x 2 Elemente aus Schritt 1 mit der breiten Seite aufeinanderlegen und an einem Ende im 60°-Winkel absägen. So wird eine der beiden Platten etwas kürzer.

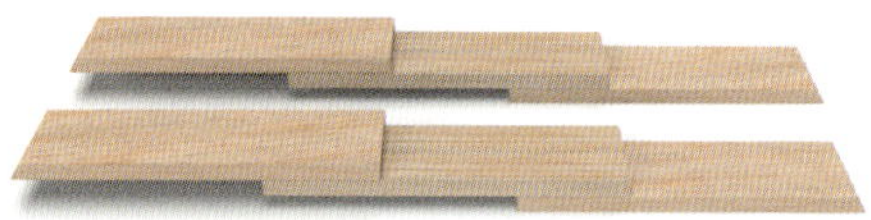

4. 2x je 3 Elemente in folgender Reihenfolge aufeinander kleben, dabei sollen sie jeweils 5 cm überlappen: ein Element aus Schritt 3, darauf ein Element aus Schritt 1, darauf ein Element aus Schritt 2. Die zugesägten Seiten werden dabei nicht verklebt, sondern liegen außen.

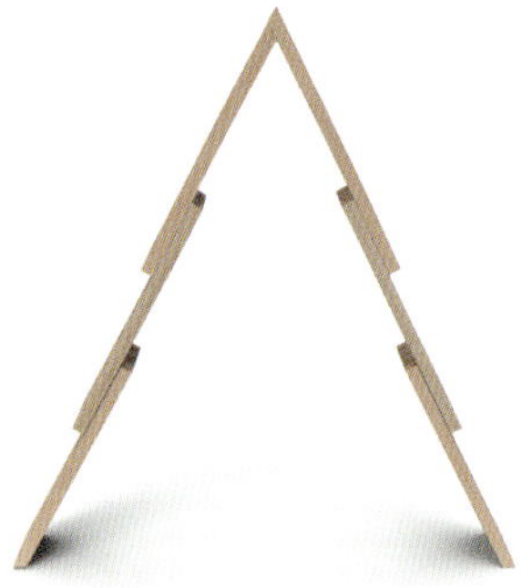

5. Die beiden Elemente aus Schritt 4 zusammensetzen.

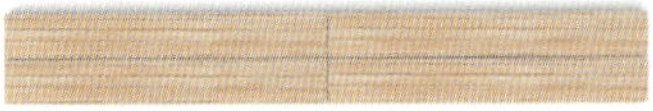

6. Die restlichen zwei Elemente aus Schritt 1 an den kurzen Kanten zusammenkleben.

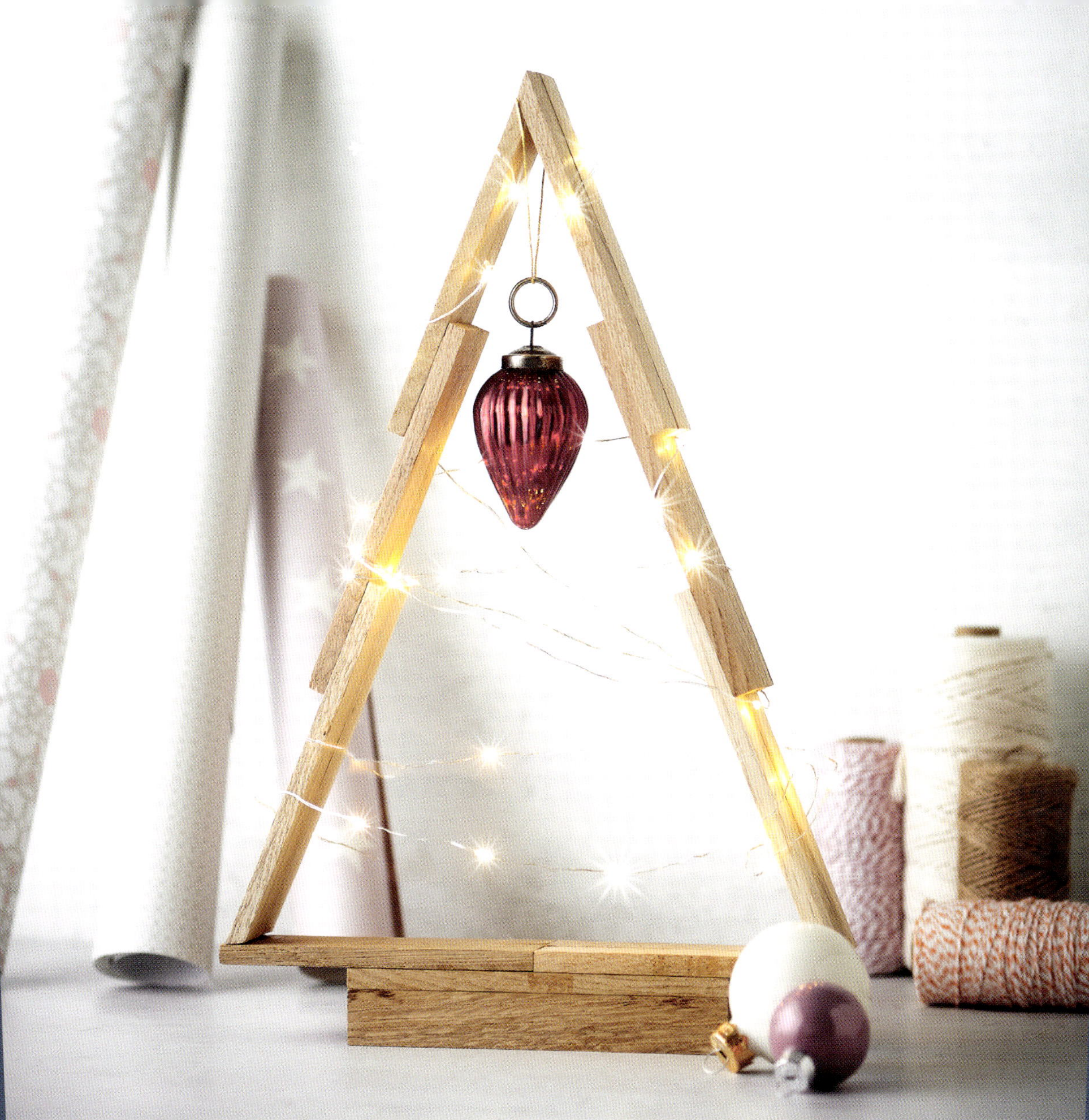

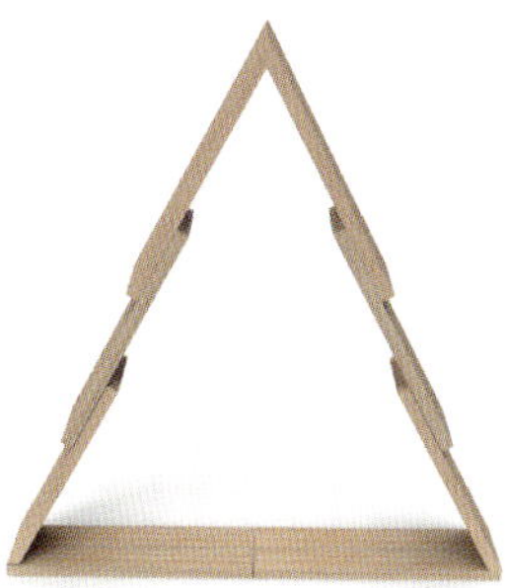

**7.** Mit dem Element aus Schritt 6 den Tannenbaum unten schließen.

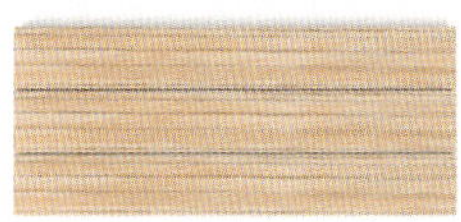

**8.** 3 Klötzchen.

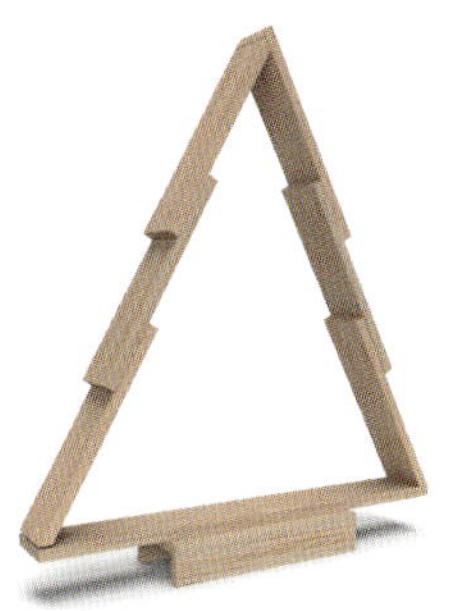

**9.** Plus 2 Klötzchen. Umdrehen und den Tannenbaum mittig aufkleben. Mit der Lichterkette umwickeln.

# Für Geldgeschenke

6 Klötzchen à 22x8x160 mm
1 Klötzchen 22x8x100 mm
Kreis aus Bastelfilz, ø 16 cm
Kordelrest
Stempel „Zauberhafte Weihnachten"
große Streichholzschachtel
Holzleim

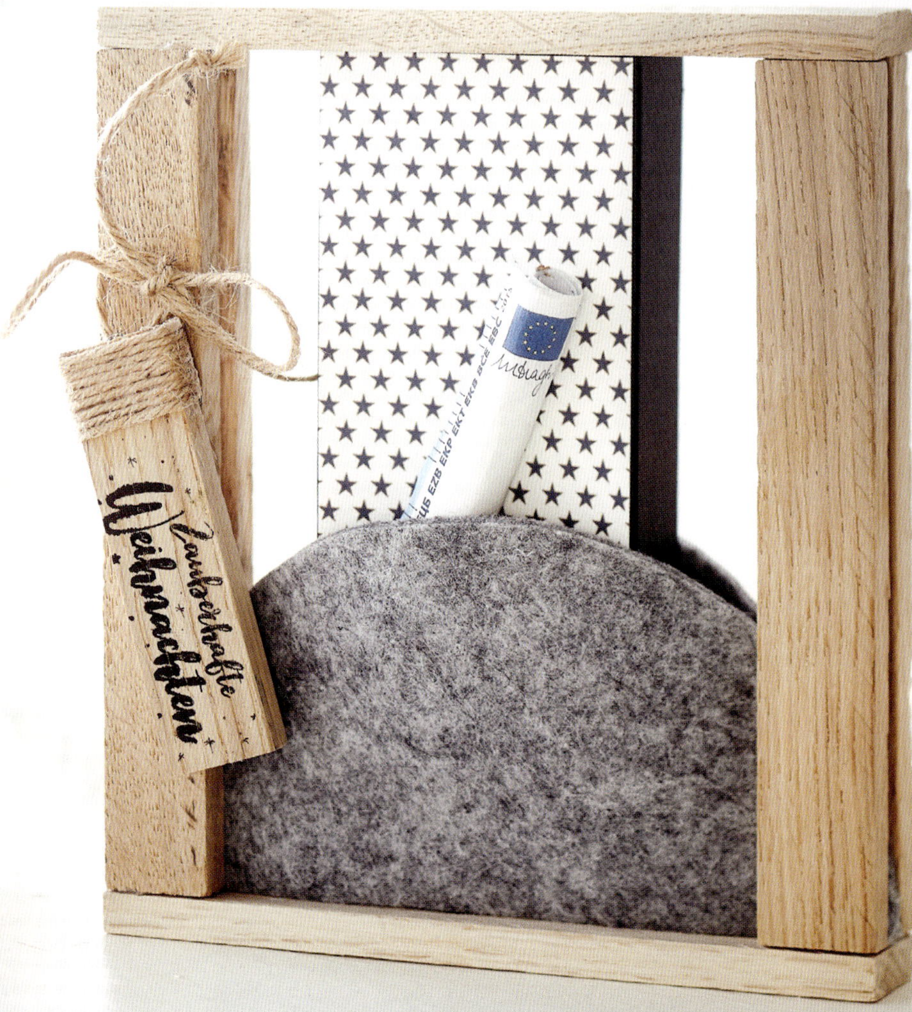

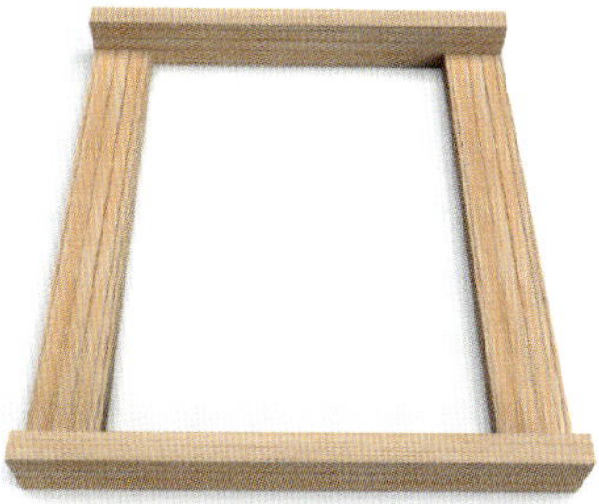

1. 4 Klötzchen.

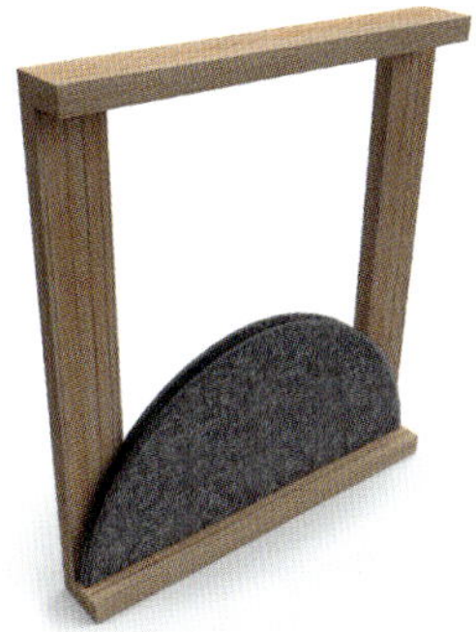

2. Den Filzkreis in der Mitte falten und mit der geschlossenen Seite nach unten zeigend auf den Rahmen legen.

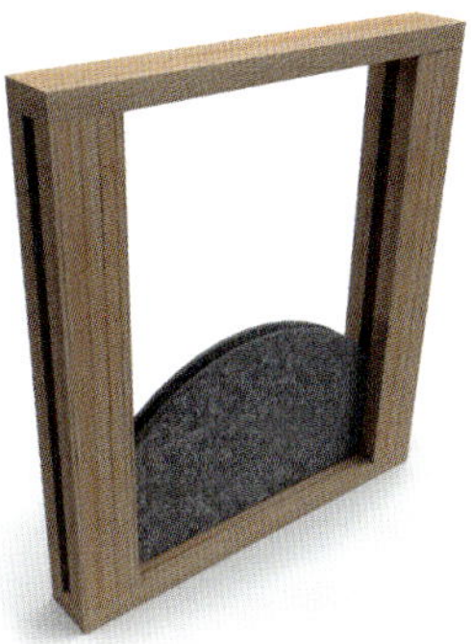

3. Plus 2 Klötzchen.

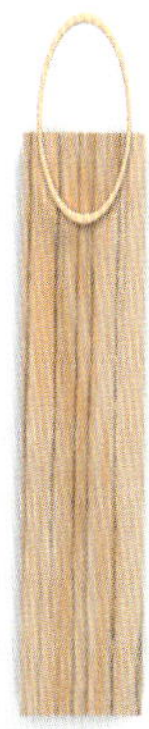

4. Auf das kurze Klötzchen ein Stück Kordel als Schlaufe aufkleben.

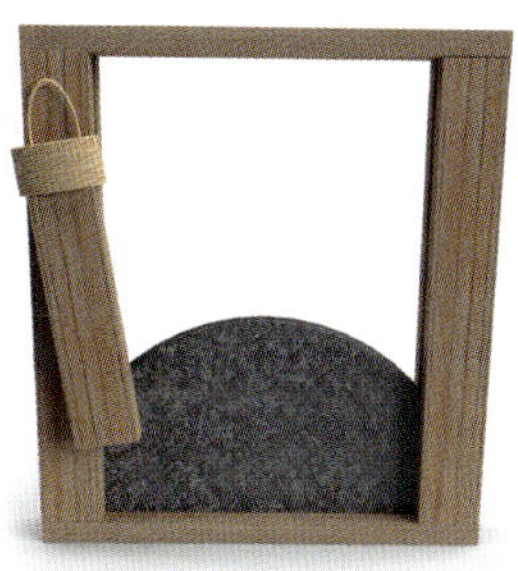

5. Die Vorderseite bestempeln. Unterhalb der Schlaufe etwas Leim auftragen und ein Stück Kordel um das Ende des Klötzchens wickeln.

# Elegante Tischdeko

25 Klötzchen à 22x8x160 mm
11 Schraubhaken
Holzleim

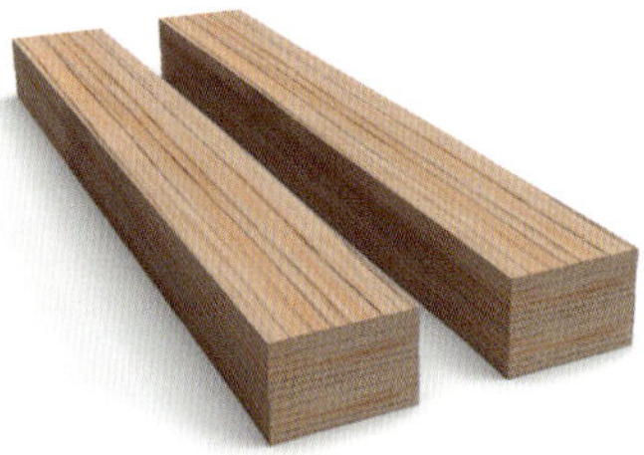

1. 2x 2 Klötzchen.

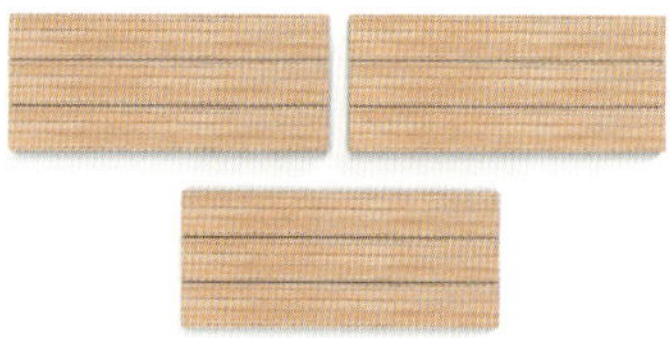

2. 3x 3 Klötzchen.

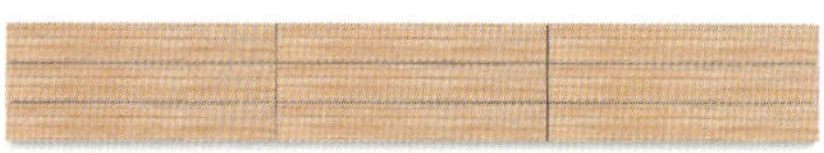

3. Die Elemente aus Schritt 2 an den kurzen Kanten zu einer langen Platte zusammenkleben.

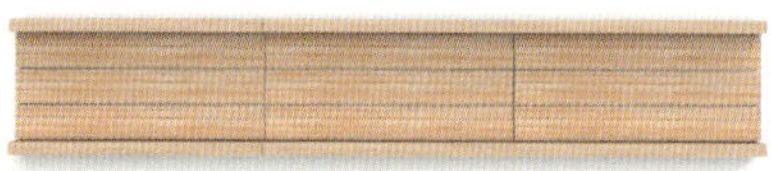

4. Plus 6 Klötzchen.

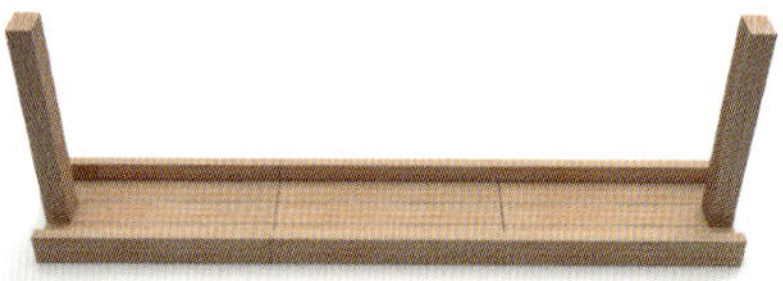

5. Die Elemente aus Schritt 1 aufkleben.

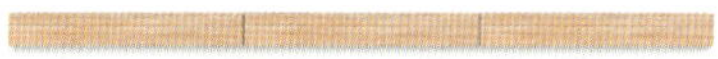

6. 3 Klötzchen.

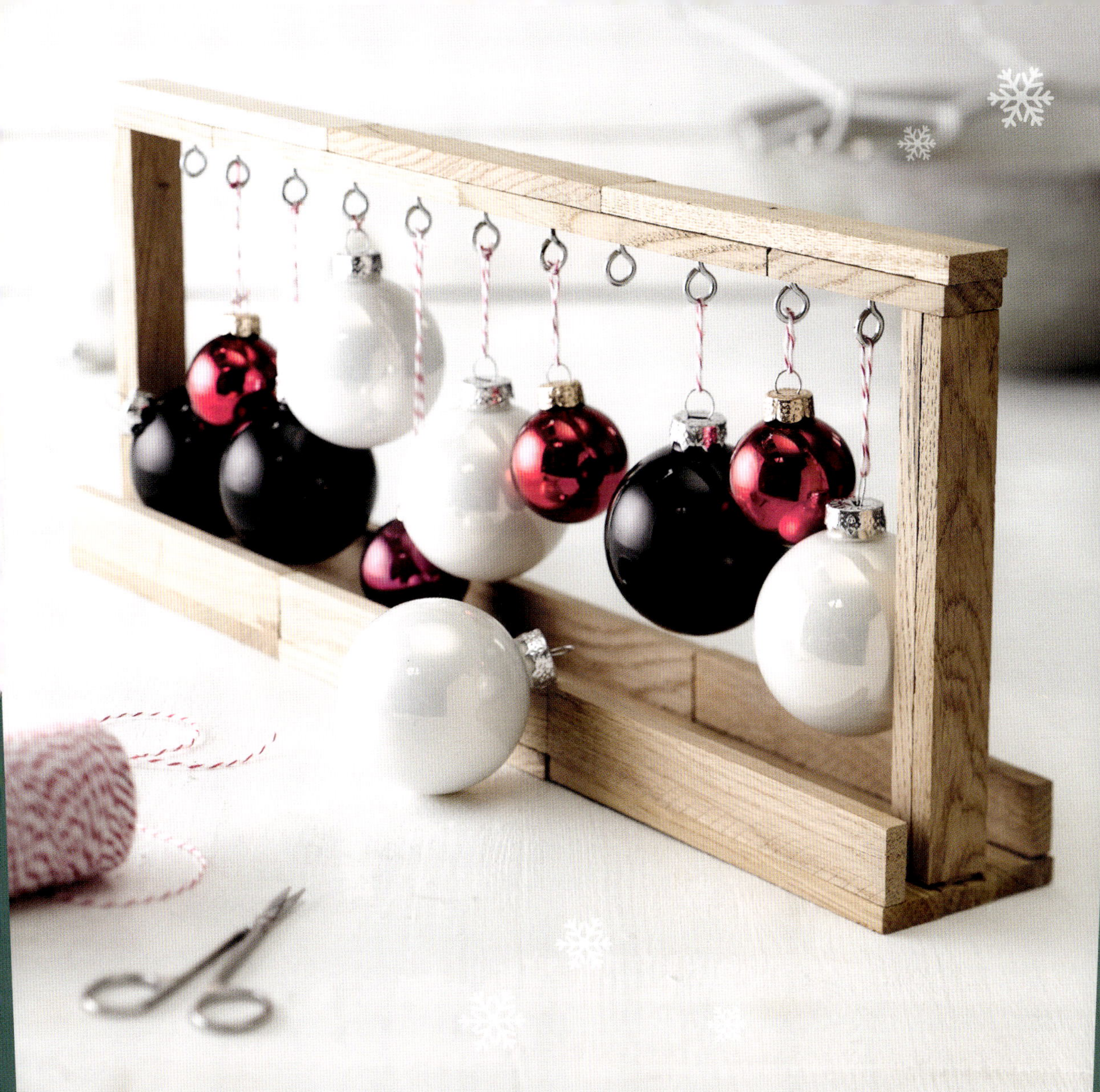

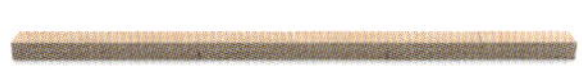

7. Plus 3 Klötzchen. Davon eins in der Mitte durchsägen. In dieser Reihenfolge auf den Stab aus Schritt 6 kleben: halbes Klötzchen, 2 ganze Klötzchen, halbes Klötzchen.

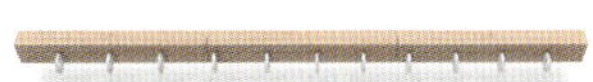

8. Auf dem Element aus Schritt 7 in gleichmäßigen Abständen Markierungen für die Schraubhaken anbringen und die Haken eindrehen.

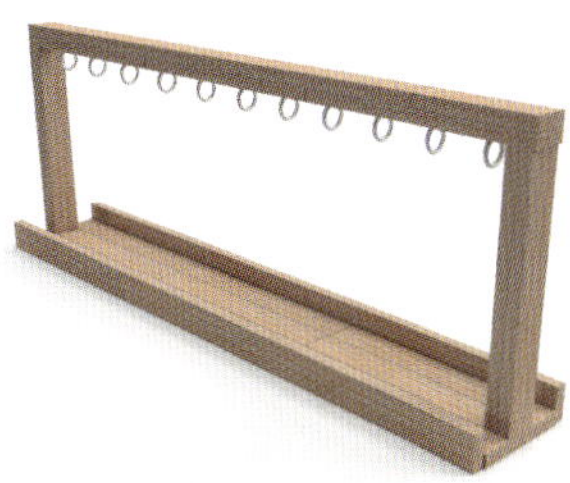

9. Das Element aus Schritt 8 auf das Element aus Schritt 5 kleben.

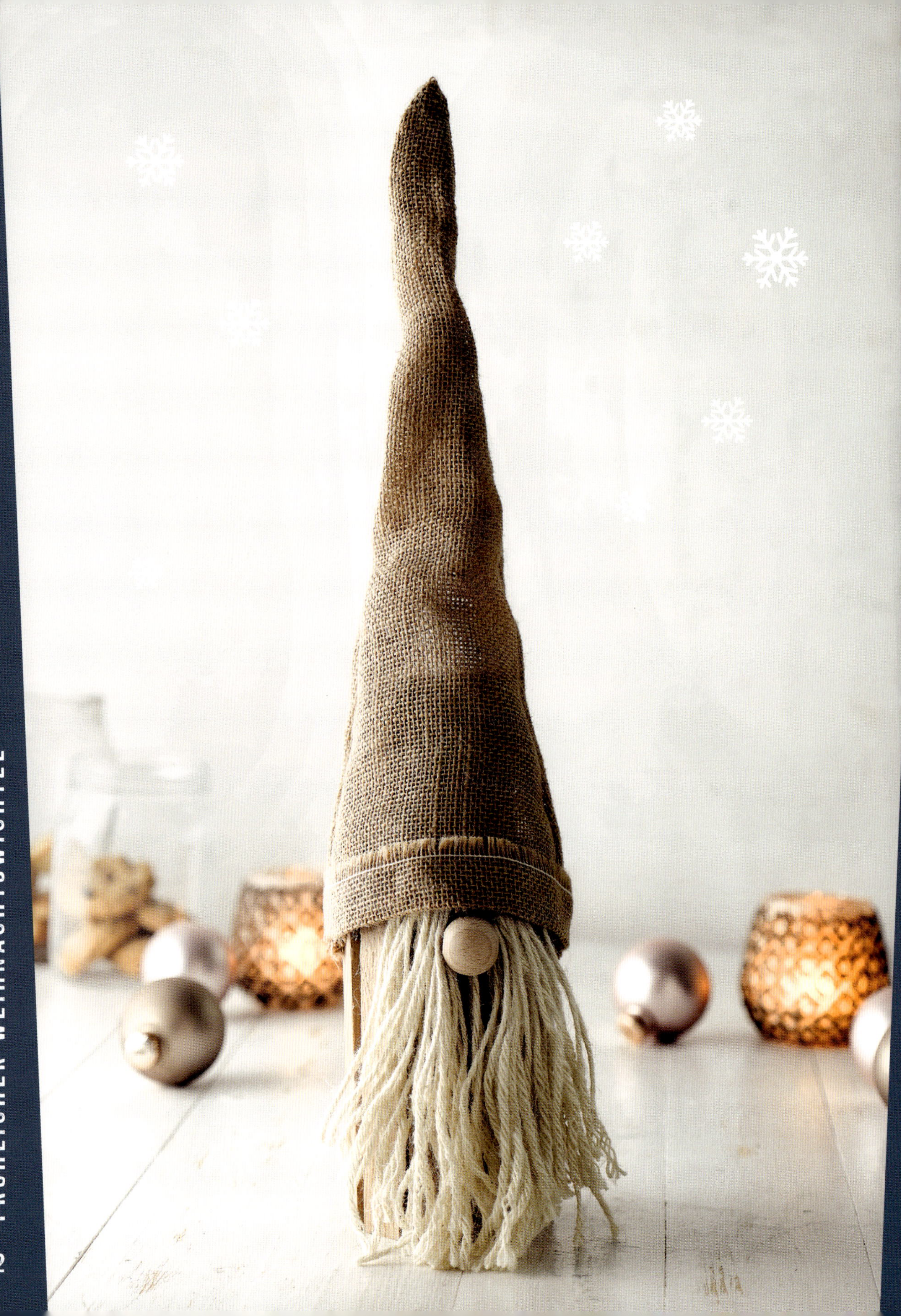

# Fröhlicher Weihnachtswichtel

10 Klötzchen à 22x8x160 mm
Blechdose
Juteband, 42x 16 cm lang
Holzkugel, ø 15 mm
Jutestoff, 22 cm x 100 cm
Silikonkleber
Heißkleber

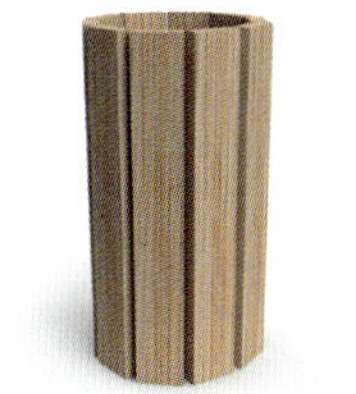

1. Die Dose rundherum mit Klötzchen bekleben.

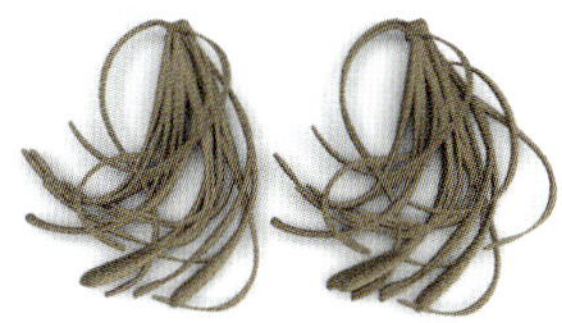

2. Je 20 Jutestücke mit einem weiteren Stück an einem Ende zusammenbinden.

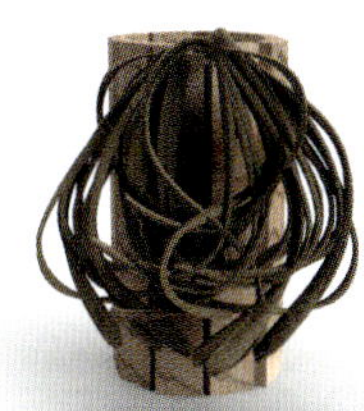

3. Die Jutebüschel nebeneinander an den Rand des Zylinders kleben.

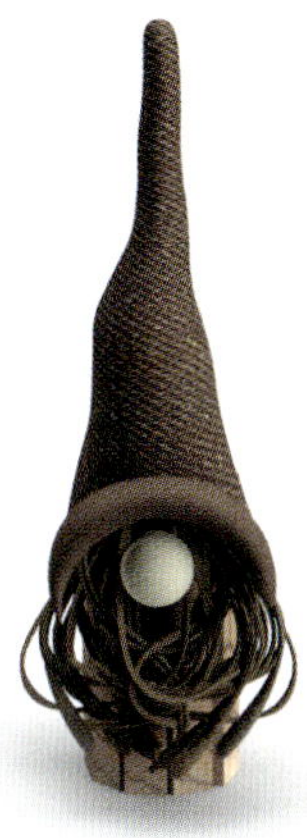

4. Den Jutestoff als langes Dreieck mit Heißkleber zur Zipfelmütze zusammenkleben. Kürzen, dabei 1 cm für den Umschlag einrechnen. Wenden, umschlagen und an den Rand des Zylinders kleben. Die Holzkugel als Nase zwischen die Jutebüschel kleben.

# Schlittenfahrt

7 Klötzchen à 22x8x160 mm

Holzleim

Säge

Gehrungslade

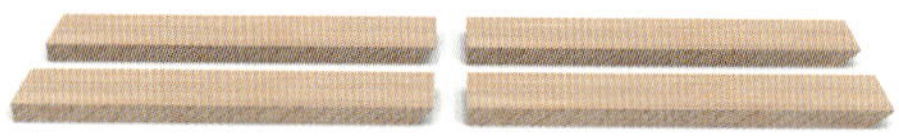

1. 4 Klötzchen. An der schmalen Seite jeweils eine Ecke im 45°-Winkel absägen.

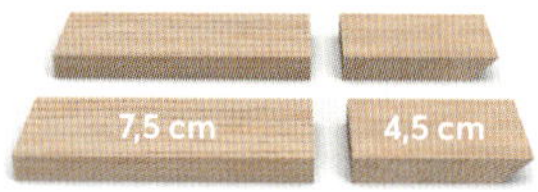


2. Aus 2 Klötzchen aus Schritt 1 jeweils 7,5 cm und 4,5 cm lange Stücke sägen.

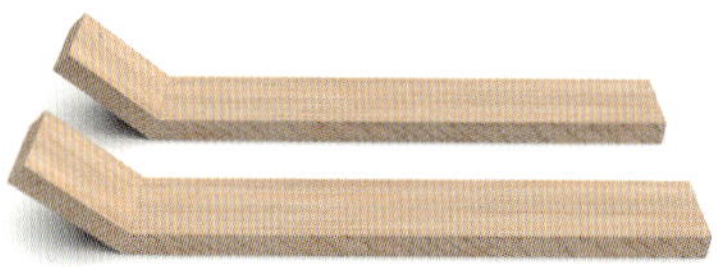

3. 2x ein Klötzchen aus Schritt 1 und ein 4,5 cm langes Klötzchen aus Schritt 2 an den schrägen Enden zusammenkleben.

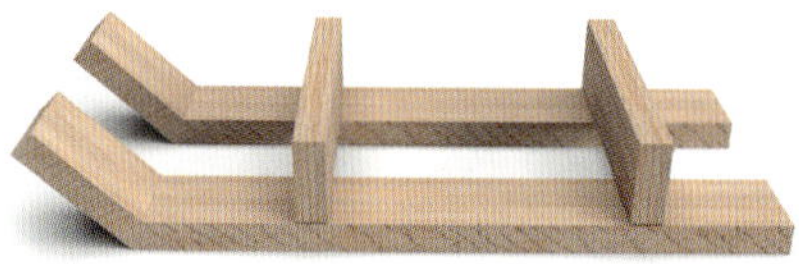

4. Plus zwei 7,5 cm lange Klötzchen aus Schritt 2.

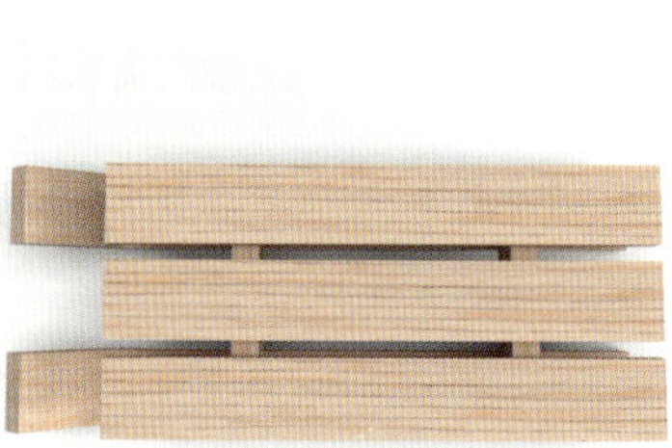

5. Plus 3 Klötzchen.

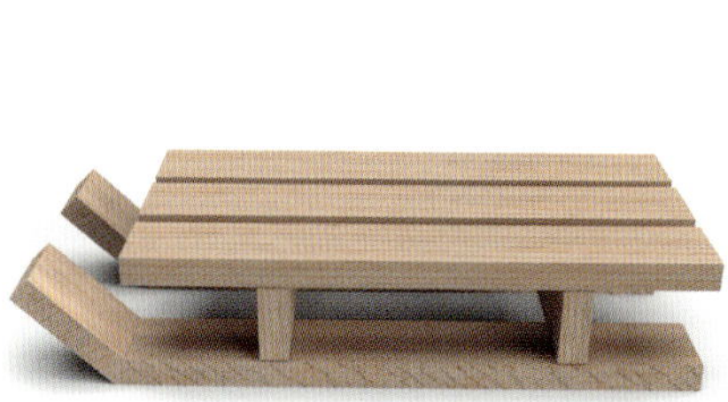

6.

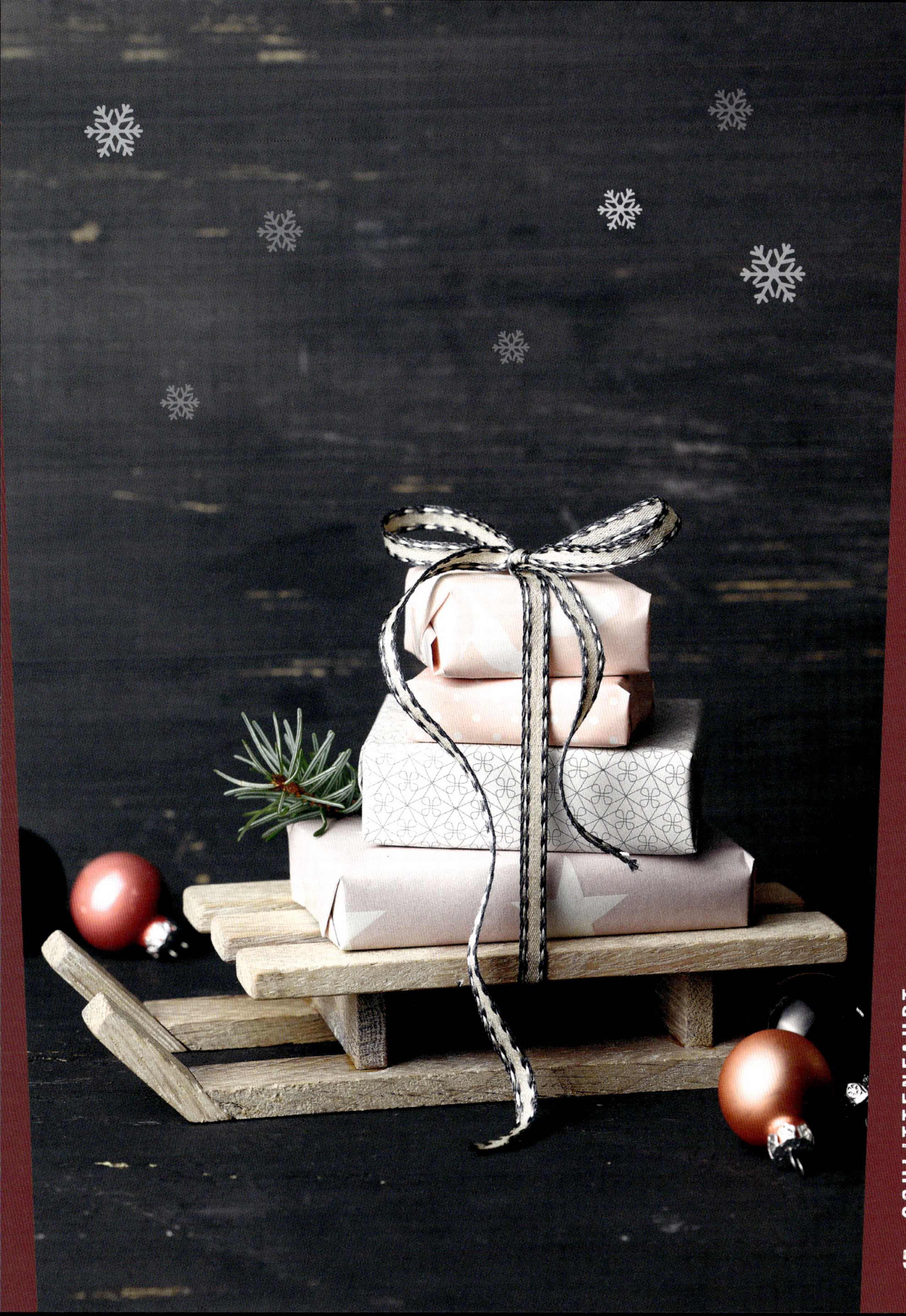

# Buchempfehlungen für Dich

## Noch mehr Kreativ-Bücher zum gleichen Thema gesucht?

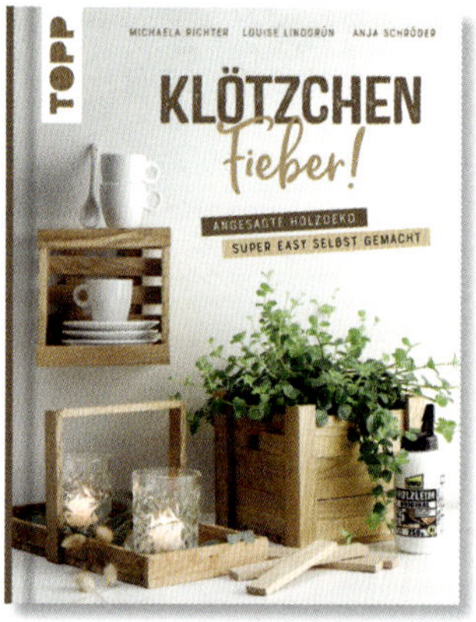


ISBN 978-3-7724-8085-0

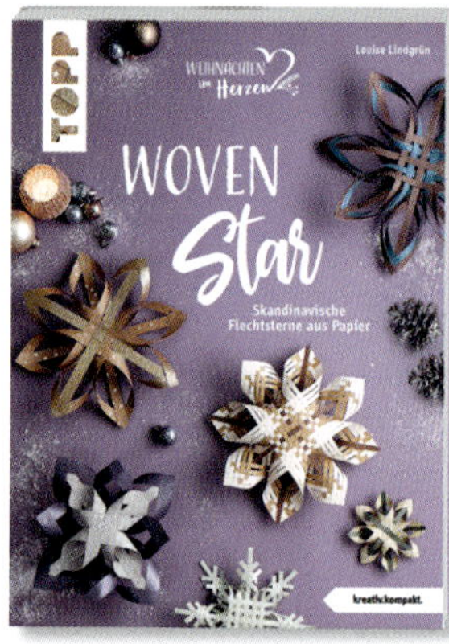


ISBN 978-3-7358-5024-9

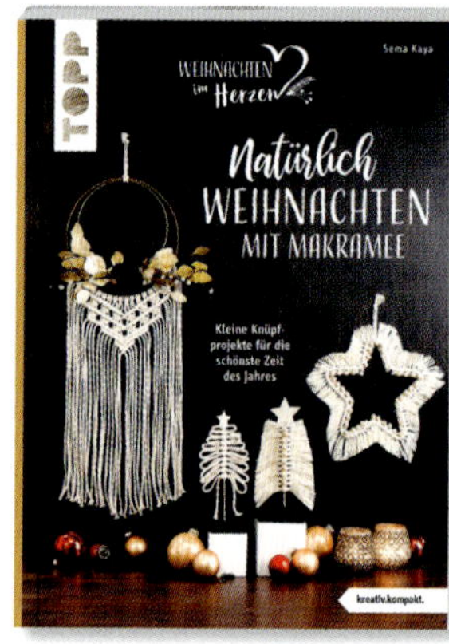


ISBN 978-3-7724-5042-6

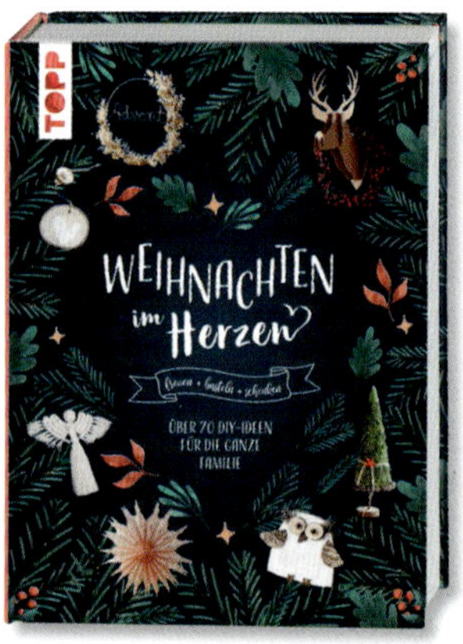


ISBN 978-3-7724-5025-9

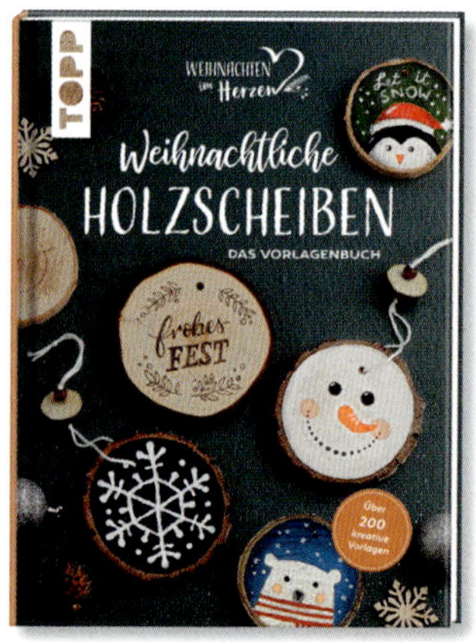


ISBN 978-3-7724-5054-9

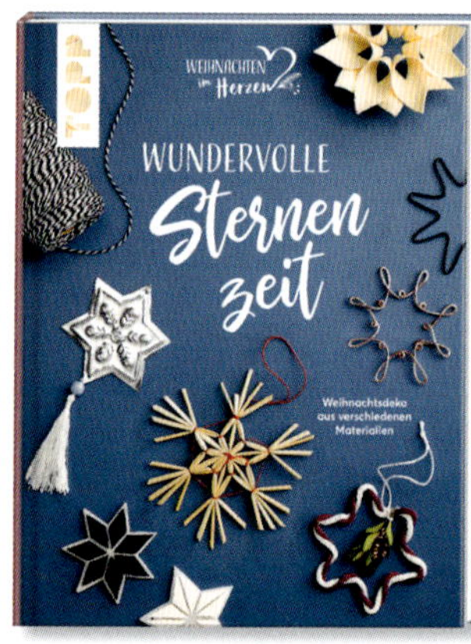


ISBN 978-3-7724-5045-7

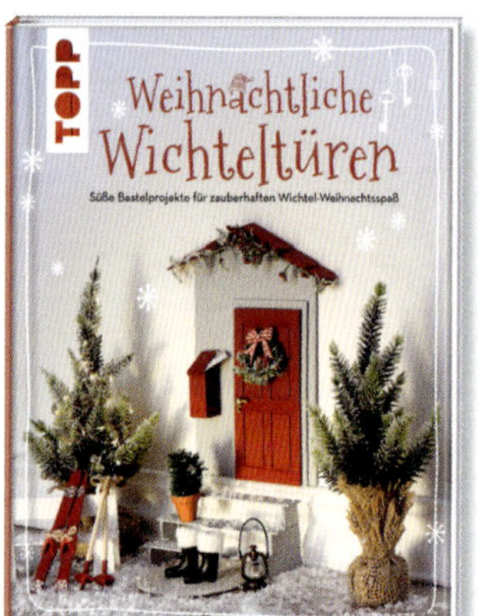


ISBN 978-3-7724-5052-5

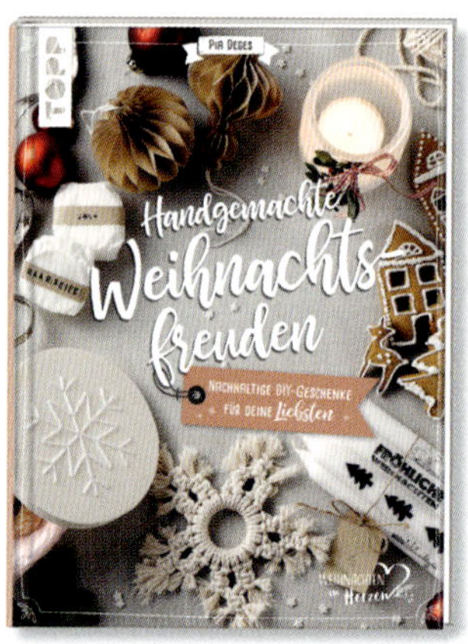


ISBN 978-3-7724-5060-0

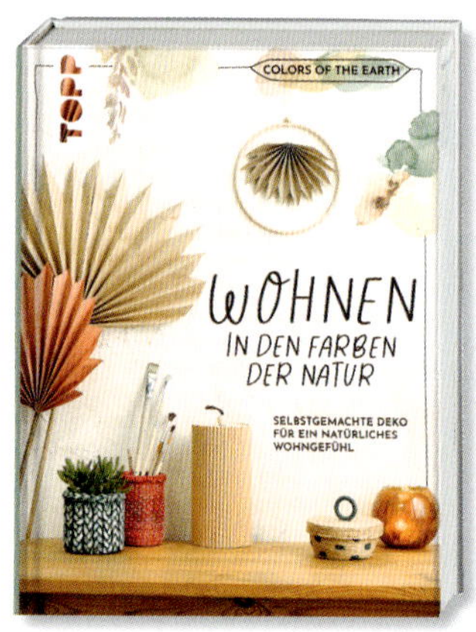


ISBN 978-3-7358-5048-5

## Wer wir sind, wie wir arbeiten, was wir lieben …

Auf Instagram, Facebook und Pinterest findest du mehr über uns und unsere Arbeit und wirst immer schnell und einfach mit den neuesten Infos versorgt.

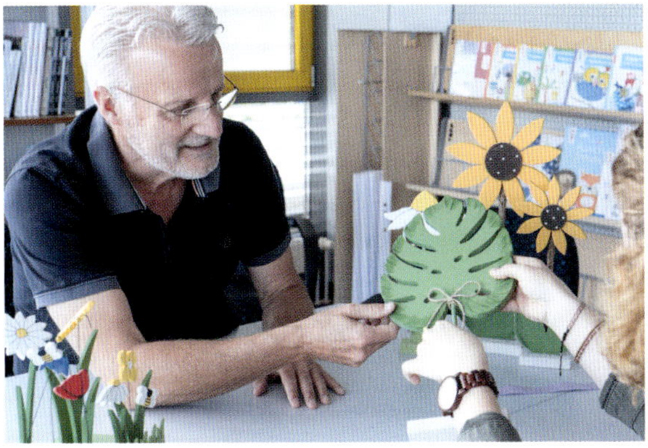

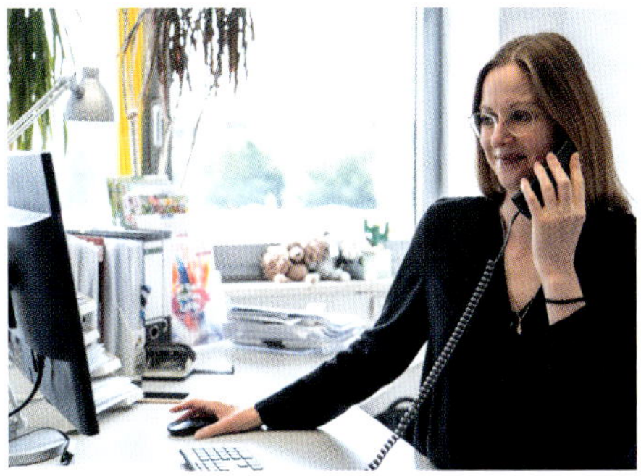

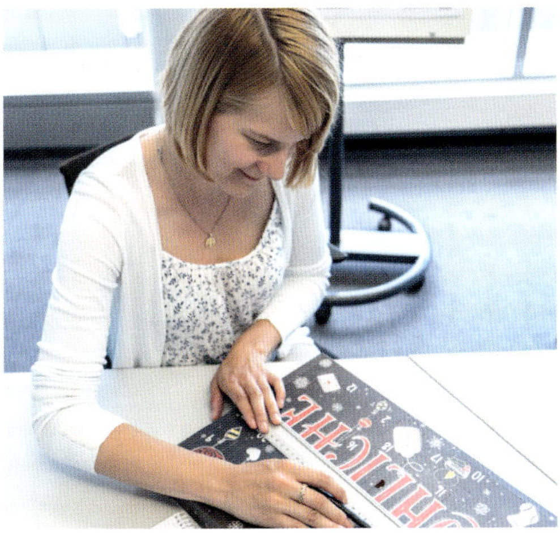

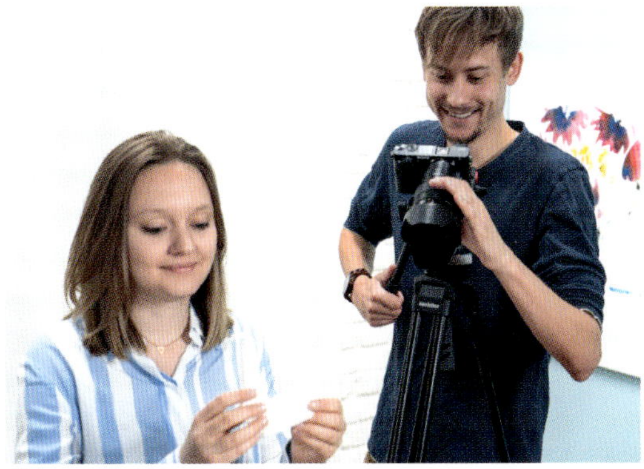

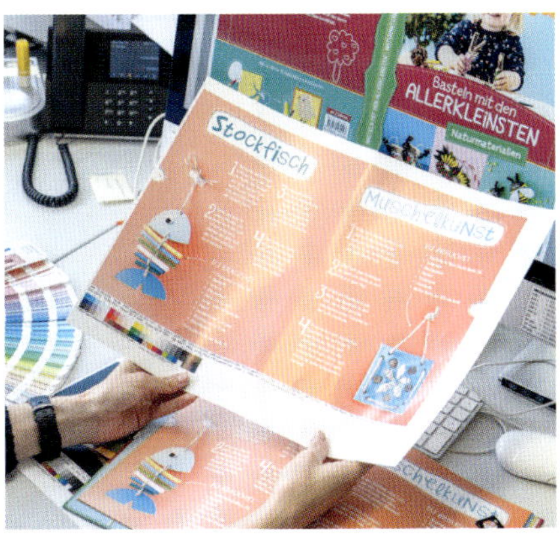


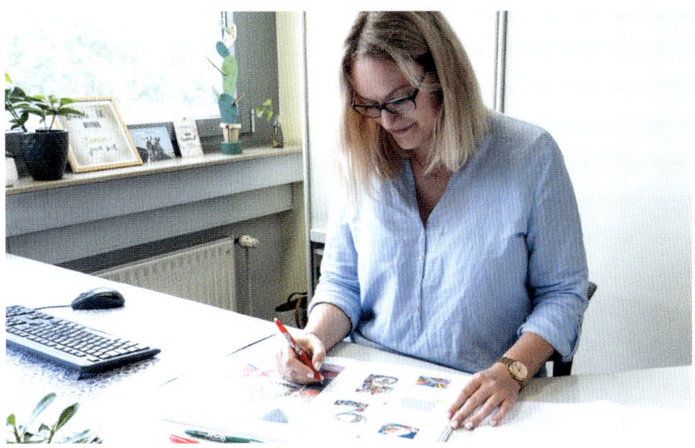

Alle News, alle Infos und alle Links findest du auf www.TOPP-kreativ.de

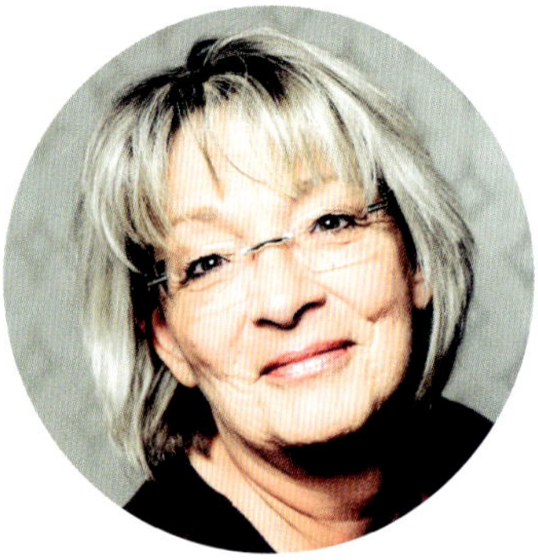

**MICHAELA RICHTER** hat „DIY" schon praktiziert, als es noch „selbst gemacht" hieß. Sie lernte früh stricken, absolvierte eine Schneiderlehre und war außerdem zuständig für den Bastelstand auf Schulfesten ihrer Kinder. Ob Kerzen gießen, Gestecke herstellen oder Formen aus Gips anfertigen – es reizt sie immer wieder neue Materialien kennenzulernen und auszuprobieren. So ist sie letztlich auch beim Holz gelandet und dem Klötzchenfieber verfallen.
Ihre kreativen Projekte findet man auf ihrem Blog (www.michamade.de).

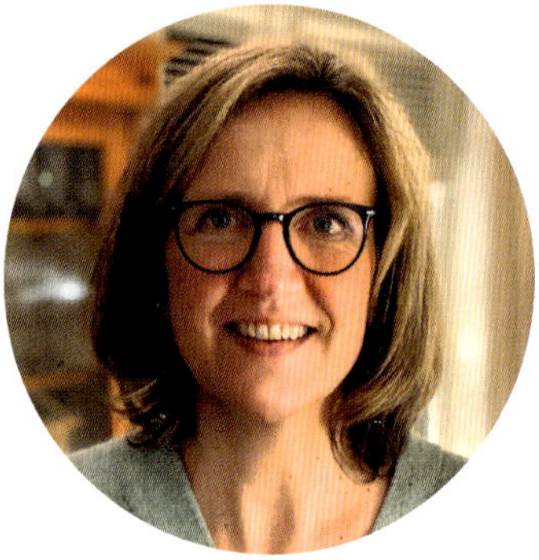

**ANJA SCHRÖDER** lebt mit ihrem Mann und zwei Söhnen in Schleswig-Holstein und betreibt seit 22 Jahren ein Fachgeschäft für Bastelmaterial und Dekorationsartikel in Geesthacht. Seit Jahren gibt sie Kurse für verschiedene Techniken und fertigt Muster für die ständig wechselnden Dekorationen an. Was einmal mit Nähkursen für Waldorfpuppen und Teddybären sowie einer Verkaufsbude auf Kunsthandwerkermärkten begann, ist heute ein Bastelgeschäft mit Onlineshop (www.basteln-und-dekorieren.de) und drei Mitarbeitern.

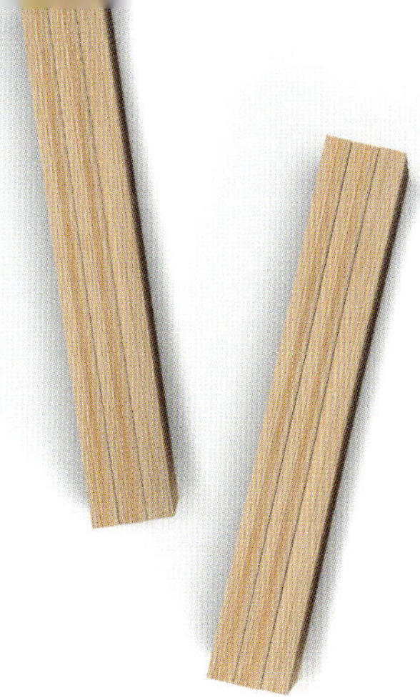

## IMPRESSUM

MODELLE: Michaela Richter (14/15, 18/19, 24-27, 35–37, 40–43, 46/47, 50/51, 54/55), Anja Schröder (S. 16/17, 20–23, 28–34, 38/39, 44/45, 48/49, 52/53)

3D-ILLUSTRATIONEN: frechverlag GmbH, 70499 Stuttgart

FOTOS: frechverlag GmbH, Dieselstr. 5, Gerlingen; lichtpunkt, Michael Ruder, Stuttgart

PRODUKTMANAGEMENT UND LEKTORAT: Magdalena Wassen

COVERGESTALTUNG: Melanie Hermann

GESAMTHERSTELLUNG: Heike Köhl

SATZ: FSM Premedia GmbH & Co. KG

DRUCK UND BINDUNG: PNB Print Ltd, Lettland



2. Auflage 2022



ISBN 978-3-7358-5061-4 • Best.-Nr. 25061

MIX
Paper from responsible sources
FSC® C084698

Penguin Random House Verlagsgruppe
FSC® N001967